日本社会政策学の形成と展開

相澤與一

新日本出版社

はしがき

本書は、日本の社会政策学の形成と展開を批判的に考察することを目指したものである。本書のもとになった諸論考は、２０１１年の３・11（「東日本大震災」）の前に雑誌『経済』の編集部から、日本の社会政策学史を論じてみては、と慫慂《しょうよう》されて執筆したものである。

ところが、その慫慂を受けてから間もなくあの３・11が襲来し、福島第一原発が爆発し、被曝《ひばく》が広がり、強制および自主避難民が大量に発生した。福島県内から避難したままの人がまだおよそ10万人もいる。原発から60キロ余り離れた著者の住む福島市でさえ、２０１５年10月下旬現在、なおもこの地から多くの人びとが自主避難したままである。一時は、たくさんの避難民が流入し、わが家の近くの３箇所にも数多くの応急仮設住宅が設置された。この年の6月から8月にかけ、著者は、自分の精神も壊されたことをはっきり自覚した。通常はアドリブですむ各種集会での挨拶も、メールへの返信も、ままならなくなった。

そこで、論考ではまず、著者の精神をも壊した「原発と震災」を直視し、それを糾明しなければならなかった。そういう状態のなかで、本書の「補論」のもとになる最初の論考を執筆した（拙稿「『原発と震災』と社会政策の課題」、『経済』２０１2年3月号）。本書をまとめるに際し、この論考の内容が本書の標題から少々はみだすこともあり、これをはずすことも思案されたが、すべては一連の論考成果なので、これを「補論」として加えることにした。日本の社会政策学の弱点は、3・11東日本大震災と、東京電力福島第一原発事故とその後の対応に象徴的に示されていると考える。それゆえそこには、日本の社会政策学の弱点に迫る著者の観点を綴ってある。「震災と原発」という世界史的な大惨事に直面した当時の思いを残すことが重要であると考え、原形のままとしている。

本論にあたる部分は、それから3年が経過したのちにまとめたものである。

本論で展開するいくつかの論点および社会政策学史に接近する方法論については、「序章」を置いて論じた。本書の第1章「『国家独占資本主義社会政策論』の再考」、第2章「明治時代の『社会政策学』と大逆事件、『恩賜財団済生会』および『工場法』」、および第3章「『大正デモクラシー』と『関東大震災』復興の社会政策論」は、『経済』２０１５年1月~3月号の論稿をもとにしている。著者の日本社会政策学史の視点については、もとの稿を膨らませ第1章としてまとめた。それゆえ、「『国家独占資本主義社会政策論』の再考」とした。

いま日本の社会科学系の大学では「社会政策」等を掲げる講座が多々ある。本書が明治期いらいの社会政策学の形成と展開を振り返り、その性格を検討することを通じて、日本の社会政策学の弱点を総点検する契機となり、「社会政策論」がマルクス経済学に依拠して発展するための一助になることを願うものである。

日本社会政策学の形成と展開＊目　次

第2章　明治時代の「社会政策学」と「大逆事件」、「恩賜財団済生会」および「工場法」──37

第3章　「大正デモクラシー」と「関東大震災」復興の社会政策論──79

序章

1　社会政策学史への視点

3・11の東日本大震災と東京電力福島第一原発事故とその後の対応は、日本の社会政策学の弱点を露呈した。福島第一原発の「過酷事故」の大惨事が収束もしていないのに、なおも原発の再稼働を急ぐ電力独占資本と安倍自公独裁内閣は、ともに、明治以来の国家権力と財閥・独占資本の「人びとの命と社会を守るという責任感の欠如」、つまり明治以来の「破廉恥《はれんち》な無責任」を受け継いだものである。国会に提出された『東京電力福島原子力発電所事故調査委員会報告書』(徳間書店、2012年)は、その冒頭の「はじめに」のなかで、「この事故が『人災』であることは明らかで、歴代及び当時の政府、規制当局、そして事業者である東京電力による、人々の命と社会を守るという責任感の欠如があった」(5ページ)と述べている。そして「福島(の二本松)が生んだ偉人、朝河貫一」の「日露戦争後の日本国家のありように警鐘を鳴らす書『日本の禍機』」から引証し、「変れなかった」ことでこの大原発事故も起きてしまった、と記した(6ページ)。著者は、むしろ、「明治」以来「変れなかった」のは、度重なる戦争を起こすなど、国家権力と財閥および独占資本(その多くは死の商人)の担い手たちの、「人びとの命と社会を守るという責任感の欠如」であり、敗戦後に原子力の平和利用を口実にして原発を推進し、東電をはじめとする電力独占資本の歴代幹部と歴代の保守党政権の双方が、ともに「破廉恥な無責任」を受け継いだと言いたい。

政府の「破廉恥で無責任」な対応と政策に対して、社会政策学は対峙《たいじ》すべき有効な政策を示してきたであろうか。残念ながらそこに弱点が露呈している。今日の安倍内閣の「破廉恥な無責任体系」を批判するうえでも、明治以来の日本近現代史を貫通するキーワードとして、本書・本論の明治・大正期の「社会政策主義」の批判的考察が重要である。

本論で論証するように、日本の社会政策学は、社会主義反対と、労働搾取の自由放任に反対する「社会政策主義」として出発している。

「社会政策主義」とは、後述の通り、明治の日本社会政策学会の「趣意書」が、19世紀ドイツの社会政策学会のまねをし、①社会主義反対、と②自由放任主義反対を宣言した立場のことである。社会政策学の形成の歴史と展開を総括するには、全体として、①の立場、つまり「科学的社会主義」が代表するところの、「階級闘争」を通じて社会主義を目指すことに反対する立場に立つ「社会政策主義」を批判する方法を貫通させるものでなければならない。この「社会政策主義」は、敗戦の前後を通じて社会政策の基本的契機から「階級闘争」を排斥した「大河内（一男）理論」にも及んでいる。

服部英太郎は、大河内一男の理論を「社会政策の生産力説」であると批判した（『服部英太郎著作集Ⅴ』〔未来社、1966年〕の「序説」に再録された「社会政策の生産力説への一批判」〔1949年の雑誌『経済評論』第4巻第2・3・4号に初出〕）。著者は、服部英太郎の大河内一男批判を支持しつつ、さらに「大河内理論」を「社会政策主義」でもあると見ている。

社会政策学を反社会主義でなく、労働者・国民のための科学としての学問に発展させるためには、マルクス経済学に依拠して発展させる必要がある。そのためには、マルクス『資本論』に依拠することが大切であり、とりわけ、全体として、「資本制的蓄積の一般的法則」(『資本論』第1部、資本の生産過程、第7篇　資本蓄積過程の第23章)による「受救貧民」問題を重視する。それは、日本の近代では「恤救《じゅっきゅう》規則」と「救護法」の問題であり、敗戦後の現代では、「生活保護法」問題につながる。

本書「補論」2の(2)「当面する生活保護政策論」において述べるように、3・11の「震災と原発」の双方を被災し、生活に困窮して生活保護を受給していた南相馬市の住民233世帯が、2011年8月の時点で義捐《ぎえん》金を収入とみなされて保護を打ち切られ、そのうち3世帯が福島県に不服審査を申し立て、同県が南相馬市の決定を取り消す査定を行った。

生活保護と生活保護法の問題は、社会政策論が正面から取り組んでもよい課題なはずである。ところが、日本『社会政策学会100年』(社会政策叢書第22集、啓文社、1998年)に列挙された諸論考のどこにも、「生活保護」問題、つまり「受救貧民」問題を論じた論考が見当たらない。

実際、「敗戦」の前後を通じ、日本の「社会政策学会」は、「受救貧民」(Pauper＝『資本論』第1部第7篇第23章「資本制的蓄積の一般的法則」)の問題を取り上げてこなかった。後述するとおり、敗戦前においては、「社会政策学会」と河上肇を含む全経済学者が、「受救貧民」問題を無視した。敗戦後の「社会政策学会」は、「生活保護」問題を社会福祉学会に委ね、みずから共通論題として報告と討論を組織することがなかった。実に、「餓死」をさえ頻発させている庶民の「貧困化」問題は、「受救貧民」と「要保護」貧民の問題解明なしには解けないのである。前者は後者の2割前後であり、捕捉率がかくも低いことが、庶民の餓死さえ頻発させる「貧困化」を強めている。

なお、著者は、拙稿「『受救貧民』（Pauper）と国家―公的扶助論の理論的原点をたずねて」（『科学と思想』第78号、1988年4月。拙著『社会保障の基本問題』未来社、1991年の第2章に再録）において、この問題を論じた。服部文男著『マルクス探索』（新日本出版社、1999年）は、同書所収の2論考、「『共産党宣言』と現代」と「『資本論』の生命力」（127ページと148〜149ページ）のそれぞれにおいて、拙稿を紹介し全面的に支持された。

今日、労働問題、雇用者と労働者の関係を扱う学問として「労働経済学」と称する近代経済学が主流の理論がある。著者は、「労働経済学」の存在意義を認めるが、社会政策学を著者持論の「労働および生活の直接・間接の社会化」論の方法によって、労働問題から消費生活問題までを包括する生活保障の学問体系にすべきである、と考えている。

2　社会政策学研究の方法論について

2011年の3月11日の東日本大震災と、完全に人災である福島第一原発の相次ぐ爆発等の「過酷事故」は、人々の生活を一変させた。それに安倍自公独裁政治につながる「政治災害」が上乗せされた。この世界史的な福島の大原発事故の災害は、度重なる「過酷事故」の危険警告を原発独占資本も歴代自民党政府も裁判所も無視し、原発を停止せず事故に備えなかったことで人為的に引き起こされた（注1）。

福島の大原発災害は、「日米安保」でアメリカの核の傘に相合傘し、歴代自民党政府と電力独占資本が推進した原発政策が引き起こした核災である。「東京オリンピック」を招致するため安倍晋三首相は、原発の過酷事故はコントロールされていると嘘をついたが、いまなお汚染水は止められず、大破しメルトダウンした原発の始末に何十年かかるか分からない。除染はまだごく一部で、被災者たちの苦難は痛切である。それなのに、東電と国の規制当局を含む加害者たちは、誰一人責任を取らずに原発の再稼働に狂奔している。

あまつさえ、安倍政権は、原発の輸出まで口にし、新規の原発増設をも企てている。国家独占資本主義の支配勢力による原発推進の責任を真っ向から批判する立場から、『国家独占資本主義社会政策論』（注2）の今日的観点からの批判的研究が求められている。そして安倍政権は、原発被曝労働者にも及ぶはずの労働法制の抜本改悪と戦争法（安全保障法）強行採決による「戦争ができる国家」への道を暴走している。この破廉恥極まる無責任な政治は、広汎な国民の反発を喚起している。

クーデター的とも呼べる安倍政権の暴挙に対して、いま求められているのは、グローバル独占資本本位の「戦争国家」を目指す安倍晋三たちの、「ネオナチ」と類似の「ネオ自由主義」のファッショ政治に国民的な運動をくりひろげて反対することである。そして、福井地裁の大飯《おおい》原発再稼働差し止め判決が判示した「人格権」の優先を生活条件のあらゆる領域で発揚する、「平和憲法」国家、あるいはあらゆる労働および消費生活の基本的生活諸条件にナショナル・ミニマム（国民生活環境最低基準）の保障、またはディーセント・ワーク（立派な労働）を中心とするディーセントな生活諸条件の保障を実現するための、体系的な社会政策論を対置して対抗することであろう。

私案としてのその政策体系論は、かのウェッブ夫妻の示唆（注3）を現代に活かし、労働条件をはじめ基本的なすべての生活条件について「健康で文化的な」「ナショナル・ミニマム」体系の保障を迫るものである。

その際に著者が想起するのは、1949（昭和24）年8月17日に著者の現住地で「松川事件」が起きた「朝鮮戦争」前夜の緊迫した情勢のもと、同年の2月、3月、4月号の雑誌『経済評論』に服部英太郎が大河内一男の労働組合社会政策論を批判する「社会政策の生産力説への一批判」（注4）を提起し、戦前・戦後を通じ最大規模の社会政策論争の口火となったことである。

かの「大河内（一男）理論」は、1930年代の理論形成において『資本論』の工場立法論にひそかに学びつつも、階級闘争を社会政策の基本的契機から排斥することによって、明治の社会政策学会以来の社会主義に反対する「社会政策主義」を受け継ぐことになった。

社会政策による「改良」を求める積極的な側面とともに反社会主義の消極的な側面をもつ「社会政策主義」（注5）批判の観点から、明治以降の社会政策学と社会政策問題を通観する作業は、これまであまり手掛けられてこなかった。それゆえ、それが本書において試みる独自の方法である。その際、社会政策学が扱ってきた社会・労働問題および社会・労働運動との関連を重視するのは、当然である。

そしてまた、国家の社会政策とそれに関する社会政策論を、それぞれと一体的な諸政策と諸政策論の中に置いて、できるだけ体系的に考察することも、本論で目指す独自の方法である。

そもそも、「社会政策主義」は、19世紀ドイツの学会をまねた明治時代の日本「社会政策学会」の、「社会主義」と自由「放任主義」に反対し資本主義を擁護した「趣意書」に始まる。社会主義反対の趣意は、資本主義国家の社会主義弾圧と革命予防の見地を支持するもので、否定的・反動的なものであった。しかし、自由「放任主義」反対の趣意は、かつて「労働者保護立法」とも呼ばれた工場立法によって資本による労働搾取の「自由放任」を否定し規制しようとしたことに始まり(注6)、人民の労働および生活「福祉」に益する政策および政策論を支持する見地なので、進歩的で肯定的なものであった。

なお、本書は、「社会政策主義」を狭義の社会政策だけに限定せず、広く反社会主義と社会改良をともに追求するという一点を共有した諸政策と諸政策論に適用しようとする独自性をもつ概念として扱う。そういう意味で、この「社会政策主義」は、「大正デモクラシー」においては「民本主義」となった。このことは第3章で論じている。

こういう独自の射程において、「社会政策主義」は、その積極・進歩的な側面と消極・反動的な側面との対立を統一するものである。この「対立物の統一」は、政策主体としての資本主義国家を貫通してきたものであるが、改良主義的に統一される場合と反改良主義的に統一される場合とがあった。

これを第二次世界大戦後の世界にあてはめれば、ケインズ゠ベヴァリッジ主義的な「福祉国家」にあっては改良主義的な「統一」が行われ、「ネオ自由主義」の反「福祉国家」主義にあっては反改良主義的な「統一」が行われている。

「ネオ自由主義」は、「改良」への全面攻撃によって特徴付けられる反動的な思想と政策なのであるが、「生活の社会化」（注7）が高度に展開している現代の生活環境においては、社会的「改良」の制度が必須であるために、「改良」の遺産の全否定は不可能なのである。

「ネオ自由主義」者と評すべき安倍晋三首相が反社会主義であることは、いわずともしれたことである。彼は、「社会政策主義」のもう一面である「放任主義」反対については正反対に、至極《しごく》反動的である。彼は、日本を資本の剰余労働搾取が世界一自由な国にするため、労働者の解雇を「自由放任」にし、労働時間規制を全廃して「残業代ゼロ」をも全面化したがっている。こうして彼は、資本の労働搾取を全面的に「自由放任」にして工場立法がなかった英国の18世紀、明治日本の「工場法」の実施前に戻りたがっているかのようであるが、そんなことはできるはずがない。

なお、本書では、「明治・大正・昭和」という常識的で「非学問的」（注8）な時期区分の方法にならいながら、「明治・大正時代」を中心に論考する。本書には間に合わなかった「昭和」以降に関する本格的な考察においては、「明治・大正」の次を「昭和」とくくらずに、「敗戦前」の昭和と「敗戦後」の順に論考する予定である。

「日本国憲法」による「主権在民」化は、有史以来のことなので、少なくとも敗戦の前後で大区分して敗戦前の時代と敗戦後の時代に分け、「明治・大正・昭和」を小区分の時期として論考すべきところなのであるが、便宜的にこのように並列して論じた。

明治時代については、1911（明治44）年の時点で輪切りにして、この年に生起した「大逆《たいぎゃく》事件」を中心軸にし、両翼に「貧民済生」勅諭による「恩賜財団済生会」の創立と「工場法」の成立を配して考察する。そして、その全体が明治の社会主義禁圧の一体的・体系的な政策構造であった、と捉えたい。

本書の主題に関わって、「富国強兵・殖産興業」政策と「大逆事件」の社会主義殲滅《せんめつ》政策をとくに重視したい。それらを重視するのは、それらが明治の国家政策の中心をなしたからだけではない。前者については、「アジア太平洋資料センター」事務局長の内田聖子が、「安倍政権は、強兵のための富国をしよう」(注9)としているとし、その打倒のためのたたかいを明治の「富国強兵」政策にこと寄せて呼びかけていることにみられるように、この国策への振り返りが現代的意義をもつからでもある。

「大逆事件」については、劇作家の永井愛が、「大逆事件」の秘密裁判を「特定秘密保護法」の国民の知る権利を奪う危険と対応させ、「今と同じ構造に驚きと危機感」を表明している(注10)ことも、有意義である。

本書では、「大逆事件」が、敗戦後の「松川事件」につながる国家権力による政治的大弾圧のための大冤罪《えんざい》事件であるとともに、明治以来の絶対主義的天皇制への「恐懼《きょうく》」と「畏怖」を人民に叩き込み、民主共和制への希求を叩き潰す、残虐な政治的仕掛けであったことを強調したいのである。

もちろん、「明治」の社会政策(論)については、1907(明治40)年の「社会政策学会第一回大会」が、「工場法と労働問題」を主題として開催され、社会政策学者たちの論議がこの論題に集中したのであるから、この問題を中心に論考し、明治時代の「社会政策学会」の形成と衰滅に論及する。

大正時代には、第一次世界大戦（１９１４〜18年）による「戦争と革命」に牽引《けんいん》されて民衆運動が高揚し、「大正デモクラシー」が形成された。その思潮を代表したのが、「社会政策主義」的な「民本主義」である。本書は、そのなかで突出した福田徳三の「生存権の社会政策」論と吉野作造の「普選」政策論を中心に考察する。

同時に、吉野や福田らの共産主義反対の暴力版、あるいは「大逆事件」の「大正」版ともいえる、１９２５（大正14）年の「治安維持法」の成立を扱う。それは、同年に成立した「普通選挙法」と対をなした。これも典型的な「社会政策主義」的な政策構造であった。

また、１９２３（大正12）年の「関東大震災」時の政策動向が、「社会政策主義」的な政策構造に関わるものとして、論考される。

なお、萩原朔太郎は、関東大震災に際し警視庁が関与し「自警団」が犯した「朝鮮人大虐殺」に激怒した詩を、こう詠んでいた（注11）。

「朝鮮人あまた殺され／その血百里の間に連なれり／われ怒りて視る、何の惨虐ぞ」

「大震災」の惨事に便乗して軍警が社会主義者とその家族を虐殺し、新聞と警視庁が「不逞鮮人《ふていせんじん》」の犯行のデマを受け売りして流布し、自警団等による朝鮮人の「大虐殺」を間接にあおっているなかで、この「大虐殺」に対し萩原朔太郎や芥川龍之介（注12）が怒りを表明していたことは、怒涛《どとう》に逆らう良心の表明として感銘深い。

なお、「補論」の2の（5）「『相対的貧困率』と『貧困化』」のなかで言及した日本社会政策の「逆機能」について、いまでは、「消費税」と「介護保険」を典型として、1990年代以降の日本の税制と社会保障の「一体改革」＝「一体改悪」が、貧しき者から富める者と大企業への真逆の再分配を強め、日本の「貧困率」を世界のワースト・クラスに高める反「福祉国家」的な機能を強めていることを痛感し、これを逆転させる抜本的な変革が求められている、と考えていることを申し添えたい。

（注1）『国会事故調報告書』（徳間書店、2012年）10～12ページの「事故の根源的原因」参照。
（注2）『服部英太郎著作集』第V巻『国家独占資本主義社会政策論』（未来社、1966年）参照。
（注3）シドニー並びにベアトリス・ウェッブ著、大原社会問題研究所訳『大英社会主義国の構成』（第一出版株式会社刊、1948年）の特に326～330ページの「国民最低限の政策」等参照。
（注4）前掲『著作集』第V巻に再録。
（注5）明治「社会政策学会」の代表、金井延は、「社会政策の主義」と表現した。『社会政策学会史料集成』第1巻　工場法と労働問題　社会政策学会史料集成編纂委員会監修、御茶の水書房、1977年刊（以下『工場法と労働問題』と略記）6ページ。
（注6）金井延は第一回大会での報告において、「自由放任主義」者は「工場法」に反対していると論評した（『工場法と労働問題』22ページ）。もちろん帝国「国家主義」者たる彼の立場は、工場立法は、資本による労働搾取の自由放任を規制し排除するものである、とする本稿の『資本論』的な学問的立場とは正反対である。
（注7）拙稿「戦後日本の国民生活の社会化―その諸矛盾と対抗の展開」（江口英一・相澤與一編『現代の生活と「社会化」』（労働旬報社、1986年）参照。
（注8）松尾尊兊著『大正デモクラシー』（岩波現代文庫、2001年）の「はしがき」の第2文節中で、

「天皇の元号の名称を時期区分に使用するのは非学問的であるが、明治・大正・昭和といった場合、あるイメージをともなう歴史的概念として定着しているので便宜上利用する」とあり、本稿での時期区分の大方もほぼそれに対応する。

（注9）「しんぶん赤旗」２０１４年10月23日付の１面、「黙ってはいられない」による。

（注10）「しんぶん赤旗」２０１４年９月29日付の10面による。

（注11）『萩原朔太郎全集』第３巻、「近日所感」（筑摩書房、１９８６年）１３６ページ。

（注12）関口安義著『芥川龍之介』（岩波新書、１９９５年）１６７ページによる。

第1章　「国家独占資本主義社会政策論」の再考

1　主題と状況

本章の主題を〈「国家独占資本主義社会政策論」の再考〉としたのは、服部英太郎の「国家独占資本主義社会政策論」の研究を継承し、今日的観点から社会政策学の形成と展開を考察するためである。服部が意図しつつもまとめることが出来なかった「国家独占資本主義社会政策論」の問題意識とその方法を今日的に展開させようとする意図を示す。本文の後ろに付けた補論の標題は、その主題と問題意識と考察方法を凝縮したものである。

補論の標題の「原発と震災」は、岩波書店の『科学』編集部がまとめ2011年7月に上梓《じょうし》した本の標題から借用した。そうしたのは、著者が「原発と震災」の被災地にいて仲間と共に難儀しながら、両災害に当面しての社会政策論の課題を科学的に考察したいと考え、「補論」の元稿を2011年に執筆したからである。

2016年現在、我われは、安倍晋三政権の無責任で悪辣《あくらつ》きわまるファッショ政治に当面している。

安倍政権は、福島第一原発事故による放射能災害の被災者たちの大変な苦難も、原発稼働の大きな危険をも無視し、核能力と独占利潤のために再稼働を進めている。

安倍政権はまた、消費税と介護保険を典型に、すでに貧者から金持ちと独占資本への逆再分配機構にしてきた税制と社会保障の「一体」改悪をさらに進めて、低「福祉国家」をも解体し、「戦争国家」に戻そうとしている。

安倍政権は、先の「15年戦争」の大惨禍を無視し、「ポツダム宣言」も読まず、「日本国憲法」を無視して２０１４年７月１日の閣議決定で「集団的自衛権の行使容認」を決めたという。しかし、その閣議決定は、識者が一致して主張するように憲法違反なので、無効とされるべきものである。そのうえ、安倍政権は、２０１５年４月29日のアメリカ議会での勝手な広言を実現しようとして、戦争するための11の法律案＝「安保法制」法案を５月15日に一括上程した。審議過程でその論拠が全面的に論破されたのに、６月24日で終了する通常国会の１５０日の会期を憲政史上前例のない95日も延長する暴挙をあえてしてまで９月19日に強行成立させた。これは、ファッショ政治である。

２　服部英太郎の「社会政策の生産力説への一批判」への振り返り

かかるファッショ政治に当面して思い起こせば、わが師・服部英太郎先生（以下、敬称略）は、両大戦間ドイツのワイマール憲法下の社会民主主義社会政策論からナチス独裁のファッショ国家独占資本主義の社会政策論への転回を批判的に研究された碩学《せきがく》であった。

１９６６年上梓の服部英太郎「国家独占資本主義社会政策論」の論著は、彼の没後１９６０年代に未来社から上梓された『服部英太郎著作集』全8巻のうちの第V巻の標題とされた。生前の構想通り論文集として編集（服部文男編）・上梓された同書の「序説」に据えられた論文、「社会政策の生産力説への一批判」（以下「一批判」）は、本章が対応する第一の論文である。

「一批判」は、服部が1942（昭和17）年に大学を追われ、「思想犯保護観察法」による「思想犯」としての拘束から敗戦後に解放されて東北大学に復帰し、1948年度から通常講義として再開した社会政策論講義のノートから採られた。それは、翌年の雑誌『経済評論』第4巻第2・3・4号に連載され、はからずも日本社会政策学史上最大の社会政策論争を起動させる端緒となった論文である。

「一批判」は、まず、1933（昭和8）年発表の大河内一男論文「労働保護立法の理論に就いて」に即し、大河内が『資本論』にひそかに学び、それをもとに、工場立法を基本＝基底として社会政策を総資本による生産的な労働力保全政策であるとする経済的必然性論を「思いつき」、「社会政策の理論構造から階級闘争的根拠を排除」（服部『著作集』Vの34ページ）した「社会政策の生産力説」であると批判した。

そのうえで、「一批判」は、大河内がこの生産力説の見地から、敗戦後の構造的危機における日本労働組合運動の主任務が日本経済の生産力復興の積極的担い手となることにあるとし、労働組合運動に分配政策から生産政策への転換を薦めたことについて、こう批判した。

「労働組合がその本源的機能の後退、その生産的機能との交替によって初めて危機打開の推進主体となりうるかのごとく説くのは、第一次大戦後ドイツ社会民主党ならびにドイツ労働組合総同盟の理論と政策との完全なる再現であり、究極的には国家独占資本主義＝ファシズムへの道を準備するものにほかならぬであろう」（Vの39ページ）。批判の焦点はここにあった。

3　「一批判」から「社会政策本質論争」への変換の「導因」について

「一批判」が起動させた社会政策論争は、それが提起した課題から離反し、ごく抽象的な「社会政策本質論争」に変換されて展開し、大方は「不毛」に帰した。

戸塚秀夫著『イギリス工場法成立史論―社会政策論の歴史的再構成』（未来社、1966年）は、その「序章」のなかで、「われわれは、その（社会政策）論争の端緒（＝「一批判」）自体が決して（本質論争のような）単なる観念の遊戯としてではなく、むしろ全く逆に、当時の歴史的現実がなげかけていたすぐれて実践的な問題への解答をめぐってきりひらかれたものであることを忘れてはなるまい」（同著11ページ、括弧内の字句は相澤の挿入）、と指摘した。

ただし、彼は同時にその注において、「その具体的な展開は、社会政策研究の領域においてではなく、労働組合研究の領域においておこなわれた」（13ページ）とし、氏原正治郎の「社会政策の社会理論のために」（『経済評論』昭和24年12月）から、「その中に……この論争を不幸な結果に導く第一の導因が胚胎していた」という評言を肯定的に引用した。

この点は、服部の「国家独占資本主義社会政策論」の内容に関わるものであった。服部は、国家独占資本主義（国独資）が労働組合を国家機構に取り込み、独占資本の要求に沿う国家の経済・社会政策に組織的に協力させ、労組の統制力を通じて労働者階級をその体制と政策に緊縛し動員しようする、ととらえていたがゆえに、労働組合運動の政策論を社会政策論の主要素として論じたのである。

服部は、たとえばその主著『ドイツ社会政策論（上）』（著作集、第Ⅰ巻）の「はしがき」のなかで、以下のように述べている。

「第一次大戦後革命的擾乱《じょうらん》期においてドイツ資本家階級は、彼らの不可避的な社会的譲歩として労働者階級に団結の自由を確認し、また労資の民主的共同決定権を極めて広汎な領域にわたって成立せしめた。そしてこれは、戦後ドイツ社会民主主義の新たな社会政策理論構想――経済民主主義の最大の理論的支柱をなすものであり、ここに社会政策の主体的条件の基本的な転化が説かれさえもしたのである。……労働組合の民主主義国家における社会政策の担当機関への昂揚《こうよう》に関するこの社会民主主義の新たなイデオロギーの現実態をなすものは、団結権、共同決定権確認のもとに、ドイツ労働者階級を労働組合機構を通じてブルジョア国家体制に結合・緊縛しようとする企図にほかならなかった。ところでさらに、労働組合機構を通じて結合・緊縛せらるべき民主主義国家は、具体的には第一次大戦後資本主義の一般的危機における独占資本制国家――国家独占資本主義体制であり、社会民主主義指導理論の戦後形態としての組織された資本主義＝経済民主主義の構想こそは、ドイツ労働者階級をして労働組合の厖大《ぼうだい》な組織機構とその新たな生産政策的機能を通じて、国家独占資本主導の敗戦ドイツ経済の復興過程に対して積極的に組織的協力をなさしめることを歴史的課題とするものであった」（2～3ページ）。

「一批判」がこの知見を説明していなかったため、氏原正治郎や戸塚秀夫によるこの種の批判が生じやすかったのかもしれない。しかし、氏原は、労働組合問題は社会政策論の対象ではなく別箇の「労働問題」として扱うべきであると主張せんがためにこのように批判し、問題をすりかえることになった。この「本質論争」への変換には、「一批判」の側に氏原の評言とはまったく別の契機がありえた。その一つは、「一批判」の大河内の社会政策論を「社会政策の生産力説」であるとする判定が端的過ぎて説明不十分である、とみなされたことであろう。

しかし、もっと重要であったのは、次の点である。「一批判」は、大河内の社会政策論が「国家独占資本主義社会政策論」の「生産力説」であるゆえんを十分に説明しないまま、一挙に、敗戦後日本の経済危機における労働組合運動の進路に関する生産政策論の批判へと議論を進めた。そのために論理に隙間が生じ、その隙間も「本質論争」を誘発した。そう著者は推論する。

いずれにせよ、敗戦後の社会政策学が当面し、それを受けて「一批判」が提起したのは、米軍占領下日本の「構造的危機」における国家独占資本主義（以下、国独資と略称）のもとでの労働運動と社会政策論のあり方をめぐる現実的な問題であった。その問題は、「社会政策本質論争」のようなごく抽象的な議論で扱えるはずがなかった。それゆえに、「本質論争」は、抽象論としては少々展開しても、論議は観念的に空転して行き詰まり、それを「不毛」とする批判が高まり、服部もそう批判したのである。

この抽象論議の行き詰まりからの脱出路は、歴史的および実証的な研究方法に求められた。そして戸塚の前掲書が代表したように、ふたたび工場立法に立ち返って社会政策論を「再構築」する試みが復活した。

しかし、「一批判」が提起した社会政策学の課題は、国独資における「生産力説」への批判であった。そしてまず取り上げられるべき課題は、「一批判」の論理の「隙間」を埋めることにあった。その隙間を埋めるためには、「大河内理論」が「国家独占資本主義社会政策論」の「生産力説」であるゆえんを立ち入って説明しなければならなかった。

その課題を担ったのは、著者が佐賀大学経済学部創設の初年度の社会政策論講義ノートを論文とした「現代社会政策論の基本問題―国家独占資本主義と社会政策論―」(『佐賀大学経済論集』第1巻第1号、1967年4月、拙著『国家独占資本主義と社会政策』未来社、1974年の第一章に再録)である。

この論文は、その「二　『社会政策の生産力説』と国家独占資本主義」において、大河内が「戦時体制」(1938~45年)にわたる日本国独資の労働力政策の展開に順応してそれを取り込み、社会政策を「生産要素としての労働力」の調達・配置・保全の政策であると捉えるに至る経緯について、彼の『社会政策の基本問題』所収の諸論文から『戦時社会政策論』(時潮社、1940年)に及ぶ論考を日本における労働力政策の史的展開に照応させて批判し、「大河内理論」が国独資における社会政策論の「生産力説」であることを論証したのである。

４　「一批判」の歴史的限界

「一批判」は、服部の『ドイツ社会政策論史』上・下巻（『著作集』Ⅰ、Ⅱ）など、際立って先駆的ですぐれた大部のドイツ社会政策論研究を踏まえての学問的な「一批判」であった。それでも歴史的な制約は避けられず、当時のマルクス主義理論において顕著であった問題点を共有したのである。

その最大級の理論問題の一つは、国独資は、「資本主義の一般的危機」に国家の権力支配と統制機能を極大化させファッショ化させて対応する、独占資本主義の展開形態である、とする理解である。

服部は、これを「国家独占資本主義＝ファシズム」と表示した。この概念表示は、両大戦間にファッショ化した日本、イタリア、ドイツその他での歴史的現実を写しとったものとして有意義であったが、なお狭いものであった。

まず、国独資がそれに対応して形成・展開される前提とされた「資本主義の一般的危機」論は、ロシアでの社会主義革命ののち、とくに両大戦間期の「革命的危機」と経済恐慌と世界大戦の危機を反映させて、資本主義は全般的な危機にあると規定するもので、その後の歴史にも反し、いまでは誤りとされる。

ただし、国独資は、やはり世界大戦や大恐慌などの危機に対応して推進された。したがって、国独資は、独占資本の代弁勢力による政治寡頭制としてファッショ化しやすいものであったし、いまでもそうなのであり、「反ファシズム統一戦線」によって対抗し規制しなければならない体制なのである。

その統一戦線には、ファシズムに反対するすべての人と勢力の共同が必要とされるが、政党間レベルでは共産党と社会民主主義政党との共同が課題とされる場合が多かったし、関連して両大戦間以降の社会民主主義に対する社会政策学のあり方も浮上した。

帝国主義的総力戦としての第一次世界大戦に際し、社会民主主義運動は分裂し、戦争に反対する左派が共産主義的な結党に向かい、戦争協力に走った中間および右派が問題の社会民主主義勢力を構成した。この社会民主主義は、社会主義（＝共産主義）革命に反対する改良主義＝「社会政策主義」であった。

さて、服部の「一批判」が、大河内の生産政策的な労働組合政策論を第一次大戦後のドイツ社会民主主義の党と労組の政策論の再現であるとした批判は、その論拠も明示され、的確であった。たしかに、両大戦間のドイツや日本の社会民主主義の主流は、ファシズムと軍国主義に妥協し協調する傾向が強かった。しかし、この社会民主主義は、進歩と反動の両面をもち、政治勢力として複合的であった。かつてのように社会民主主義全体を「社会ファシズム」として全否定すると、反ファシズム統一戦線の道を理論的にも閉ざすことになるので、注意を要した。

服部の社会民主主義と大河内社会政策論への批判は、この点への留意を明示していなかった。

5 「福祉国家」への道

「危機における国家独占資本主義」化の道には、ほかにUSAでのニューディール型もあった。それは、世界大恐慌を契機に導入されたケインズ主義的な管理通貨制度と財政金融政策を採る国独資の先駆となり、第二次世界大戦後の「福祉国家」、とくに北欧諸国の社会民主主義政権によるそれらにつながるものであった。

ただし、それらも、社会民主主義の労資協調主義と経済成長の自生的産物ではなかった。USAのニューディールは、大恐慌による飢餓的窮乏の蔓延《まんえん》に苦しむ民衆の資本家・地主階級本位の支配体制への不満とCIO（アメリカ産業別労働組合会議）の結成に導いた戦闘的な大衆的労働運動がソ連の「社会主義建設」からの間接的な影響も受けながら高まるなか、これに対応して連邦政府が、大恐慌からの脱出を労資関係の民主化と公的福祉の拡大によって広大な国内市場の潜在能力を発現させて切り開こうとするものであった。

また、北欧諸国での戦後社会民主主義政権下の「福祉国家」も、労働組合の強大な交渉力に依拠して労働者階級を中心とする人民の福祉要求に応じることで、共産主義化の脅威に対抗するものであった。

6　「国家独占資本主義社会政策論」の二つの道

国独資の社会政策論には、ファシズムの社会政策論と反ファシズムの社会政策論の二つの道があった。服部は、後者の見地から、大戦後の社会民主主義の生産政策的な社会政策論を前者に妥協し同化してゆくものとして批判し、大河内の生産力説はその轍《てつ》を踏むものであるとして批判したのである。

本書は、今日的な社会政策論の基本課題を「原発と震災」に対する対抗的な「二つの道」の復興政策論として考察しようとするその方法においても、服部が企図した方法を展開させようとするものである。

「原発と震災」からの復興政策をめぐっても、「二つの道」が対抗している。大震災からの復興政策の一方の例は、村井善弘宮城県知事の政策である。彼は、復興計画の作成を「野村総研」に委託し、仮設住宅の設置を地元業者にも委託した福島および岩手県知事とは対照的に、大手プレハブ業者にマル投げし、「ネオ自由主義」的に被災沿岸漁民の漁業権を外部の大手資本に開放する「水産特区」政策（河相一成著『海が壊れる「水産特区」』光陽出版、2011年参照）を中央政財界と組んで地元に押し付けようとしてきた。地元の水産業者は漁協に結集してこれに反対し、地元のために自ら協同して復興させようとした。「人間の復興」（福田徳三）と地方自治の本義からして、後者こそ正道なのである。

原発災害からの復興政策においては、それよりはるかに大きな規模で「二つの道」が対抗している。国は、電力独占資本と構造的に癒着して世界最悪級の原発災害を引き起こしておきながら、「過酷事故」のあとも癒着をやめず、ともに原発の再稼働に狂奔し、国の原子力安全・保安院が電力会社と共謀して原発の再稼働を求める「やらせメール」までさせていた。２０１１年７月６日に共産党議員が国会質問で九州電力やらせメールを告発した。

しかし、原発事故の被害をまともに受けた福島県では、党派をこえて脱原発を「基本理念」とする「復興ビジョン」が県議会で採択された。県の「復興ビジョン検討委員会」が「原子力に依存しない、安全・安心で持続的に発展可能な社会づくり」の「基本理念」を提案し、県の復興本部がこれをパブリック・コメントで圧倒的な支持を得て正式に採択したのである。そのうえ福島県議会の本会議は、最終日の２０１１年10月20日に、ごく一部の議員は退席したが、「新日本婦人の会」からの県内全原発の廃炉を求める請願書を全会一致で採択した。また同年10月末には、福島市郊外の「四季の里」で、「なくせ！　原発10・30大集会 in 福島」が開催され、全国から１万人超が結集した。フクシマでの反原発の超党派共闘の高揚は、世界的な意義を持つはずである。

この「二つの道」の対抗において、我われが主にそれとたたかう政策イデオロギーは、依然としてグローバル大資本の自由な跳梁《ちょうりょう》を擁護する「ネオ自由主義」である。八代尚宏の『新自由主義の復権』（中公新書、２０１１年８月）は、労働者・人民を犠牲にしての大資本の自由な利潤追求を妨げる規制を「ぶっ壊し」た小泉純一郎内閣の「ぶっ壊し」はなお不十分であったとし、震災からの復興政策を含めてその「ぶっ壊し」の完成を図る「総括」的な「経済・社会政策」論であると自称している。

なお、本書が定訳の「新自由主義」を「ネオ自由主義」と言い換えるのは、奇をてらうためではない。「新自由主義」という定訳は正しい。ただ本稿は、Neo Liberalism のネオに「ネオナチ」の「ネオ」と同類の「反動的な新版の」という含意を持たせたいのである。

本書は、このネオ自由主義の国独資による「貧困化」との共同のたたかいを追究するものである。この点で前掲『国家独占資本主義社会政策論』の中でそれに対応する論文は、①「社会政策理論と『窮乏化法則』」と、②「貧困化論と独占段階におけるその特質」であろう。

①の論文は、その論文冒頭の一において、「一批判」が大河内の「社会政策の生産力説」の敗戦後日本の労働運動政策論への展開を批判したのに、論争はその後「社会政策本質論争」に変換され、「方法論争への『純化』・矮小化傾向」をたどって「『不生産的』性格」となり、「不毛」に帰した、と批判した（『著作集』V、207ページ）。

もちろん、①の論文は、その標題通り、「本質論争」で主役を演じた岸本英太郎著『窮乏化法則と社会政策』（有斐閣、1955年）を批評しつつ、標記の主題を論じたものであった。

著者は、「国家独占資本主義社会政策論」争としての「社会政策論争」から「本質論争」への変質に対する服部の批判は基本的には正しい、とかねてから考え、自説を展開してきた（注1）。ただし、「本質論争」がまったく「不生産的」で「不毛」であったとは考えない。現に服部も、岸本の社会政策を窮乏化法則と関わらせて捉えようとする方法については同調していた（V、224

ページ）。そのうえでの違いは、服部が①でも②でも、第二次世界大戦後に及ぶ「独占（資本主義）段階」の「貧困化」と社会政策論に焦点を当て続けたのに対し、岸本は、抽象的で一面的な本質規定において、国際的な一窮乏化論であった貧困化の「労働力価値以下説」を採り、社会政策を労働者階級だけを対象とし彼らの闘争への「経済的譲歩」による窮乏緩和的な政策としてのみ捉えることに終始したことである。

第２章以下においては、国家独占資本主義のもとでの貧困化と社会政策をめぐる階級闘争の構図を追究し、明治期社会政策学の誕生、大正期における社会政策学の展開と、今日的な「国家独占資本主義社会政策論」について論考するものである。

補論では、１節において「原発と震災」の国家独占資本主義との関連を扱い、２節において「原発と震災」に当面しての国家独占資本主義社会政策論を具体的に考察し、３節において原発被曝労働への就労を余儀なくさせる貧困と窮迫労働を許さない社会政策的な規制と労働・社会運動の必要性を対置し、論じた。

（注１）その初回の試みは、拙著『国家独占資本主義と社会政策』（未来社、１９７４年）であった。

第2章　明治時代の「社会政策学」と「大逆事件」、「恩賜財団済生会」および「工場法」

1 「大逆事件」と一体的な「恩賜財団済生会」と「工場法」の成立

（ⅰ）明治国家の「富国強兵・殖産興業」政策と「工場法」

明治時代の「社会政策」問題は、1911（明治44）年制定に至る「工場法」の立法論議に代表させるのが通説であり、理論的にもそれは正当である。

理論的には、『資本論』第1巻第3篇第8章「労働日」からも明らかな通り、工場労働と工場立法が資本による剰余価値生産に対する社会的規制の基本をなし、工場立法による標準労働日の成立と発展は、労資間の階級闘争によって決せられるものとされたからである。

もちろん、明治の社会政策学会は、この見地とまったく関わりなく、「社会政策主義」の見地から、明治国家が工場立法の欠如を国家的一大事とし、その制定を国家と産業の命運にかかる重要な課題としたことに応じて、工場立法問題に論議を集中させたのである。

明治国家は、国策である「富国強兵」とそのための「殖産興業」に国家の命運をかけた。その国策は、「殖産興業」の主力産業であった製糸業から綿紡績業に及ぶ繊維産業の進運にかかっていた。「殖産興業」政策は、先ごろ「世界遺産」とされた1872（明治5）年開設の旧官営「富岡製糸場」へのフランスからの機械輸入と外国人技師の雇い入れによって、「産業革命」のさきがけとしたのが出発点であった。この産業機械の輸入も外貨に依存した。

また、明治国家が命運を懸けた「富国強兵」のためには、いずれも高価な兵器と陸海軍工廠《こうしょう》等で用いられる工作機械の輸入が必須で、その輸入には多額の外貨を必要とした。その多額の外貨も、「工女（注１）」の労働に依存した圧倒的な主力産業＝繊維産業の製品輸出の「躍進」によって稼ぎ出されたものである。

その繊維産業の躍進は、「工女」の酷使に依存した。そして繊維産業の工場において超低賃金しか稼げない「工女」たちは、地主階級から高い小作料を搾取される小作貧農が娘の「口減らし」で家計支出を減らし、高い小作料を賄うための仕送りをさせる目的で、工場に送り出された。もちろん、資本家階級は、地主階級と同様に搾取に貪欲で、出稼ぎ「工女」に小作貧農家の貧窮ときびしい「労役」を利用して、超低賃金と長時間の夜間労働を課した。それゆえに、小作料が高く小作農家の「労役」がきびしかったことによって「工女」の超低賃金と長時間夜間労働によるきびしい「労役」が可能にされ、そして「工女」のきびしい「労役」によって稼ぎ出される超低賃金の収入からの仕送りによって高い小作料の年貢納入がかろうじて可能にされた。この関係は、戦前日本資本主義の法則的な基本構造の一つであった。

この説明は、１９３４（昭和９）年初刊の山田盛太郎著『日本資本主義分析』における「半隷農的小作料と半隷奴的労働賃銀の相互規定」論（注２）に、きびしい「労役」の「相互規定」関係を付加したものである。

さらに『分析』は、「日本の紡績業が、先進国との異常な距離で発足しながら、躍進的興隆を遂げえた所の、最奥の基礎は、劣悪な労働条件でなされた極度の労役によるものである」とし、その基礎を「植民地＝インド以下的な労働賃銀と肉体消摩的な徹夜業」に代表させた（注3）。この規定における「極度の労役」の枢要性に着目し、小作貧農家のきびしい「労役」との「相互規定」関係を付加したのである。

主力を製糸業から綿紡績業に移行させながら繊維産業で先発進行した産業革命は、機械化によって「工女」労働を圧倒的にし、「インド以下的な労働賃銀」（注4）を広げるとともに、「徹夜業」、つまり12時間労働の二交替制に転換させた。

工場立法が欠如した「原生的労働関係」のもとでの産業革命による「工女」の「インド以下的な労働賃銀」での労働の虐使化（注5）は、一方でソーシャル・ダンピングによる綿紡績業の国際的「躍進」と外貨獲得の増大を可能にした。そして同時にその過程で、国際的にはダンピング批判を増大させた。そしてまた国内では、労働者状態の極限的悪化による労働力の破壊→欠乏化→争奪激化と労働紛争の頻発に導いた。それゆえに、明治国家は、ぜひとも工場立法を必要とした。それは「殖産興業」政策の自己矛盾であった。

さらにまた、識者があまねく認めてきたように、工場立法の欠如が国家的一大事とされたのは、「強兵」確保の見地からであった。工場立法の欠如は、将来兵士となる工場児童と将来の兵士を生み育てる「工女」の健康を損ない、壮丁「体位」の劣化をもたらしたから、「強兵」国家の一大事となった。

主に主力産業の「工女」を保護の対象とする工場立法が国家的な必須課題とされたもう一つの大

きな理由は、主力産業＝繊維産業における産業革命が「古来無かりし」「労働問題、社会問題」を生じさせ、明治国家がもっとも忌避した「極端なる社会主義」が襲来し猛威をふるうことが恐れられたことである（注６）。

つまり、明治国家が追求した「工場法」は、「自由放任」規制の「労働者保護」を通じて、これまた国家的一大事とされた労働争議と社会主義運動の高まりの防止をも図るものであったので、それ自体が「社会政策主義」を体現する立法であった。

「社会政策主義」を標榜《ひょうぼう》した明治の社会政策学者とその「学会」は、明治絶対主義国家がかかる見地から追求した工場立法の制定を、弁護し応援した。１９０７（明治40）年の12月に開催された「社会政策学会第一回大会」が緊切の『工場法と労働問題』を主題として開催されたのも、そのためであった。

この学会大会で渋沢栄一が容認への転換を表明するまで、財界＝資本家階級は、工場立法が輸出繊維製品のコストと価格を高めて市場競争力を低下させ海外市場への一層の進出と「殖産興業」を妨げることなどを主張し、執拗に工場立法に反対し続けてきた。この財界の反対は、明治国家の工場立法政策の自己矛盾を突くものでもあった。

明治国家は、「殖産興業」政策とそれを体現する工場立法政策の自己矛盾、つまり工場立法をぜひとも必要としながら、それを主力輸出産業の「躍進」による外貨獲得に抵触しない極力低い水準に抑えることを利益とし、またそうすることが財界の工場立法への反対をなだめるのにも役立つ関係にあった。

こうして、二交替制なら工女の深夜勤務禁止規定を15年間施行猶予とするほどに「規制緩和」した「工場法」が、1911（明治44）年に成立するのである。

この間に、明治政府は、官側と実業界側との協議会として1896（明治29）年に第一回農商工高等会議を開設し、その決定に基づいて、農商務省商工局の工務課に1901（明治34）年に工場調査を行わせ、その結果を1903（明治36）年3月に活版印刷した大部の『職工事情』（注7）によって公表した。

（注1）明治時代には「工女」と呼ばれ、大正時代以降「女工」と呼ばれるようになった。「工女」の用例を挙げれば、後掲の政府工場調査報告書『職工事情』のほか、高瀬豊二著『異郷に散った若い命　官営富岡製糸所工女の墓』（オリオン舎、初版1972年10月1日、復刻版、2014年6月27日）などがある。「女工」の用例としては後掲の1925（大正14）年上梓の『女工哀史』が有名であるが、大原社会問題研究所編『社会・労働大年表Ⅰ』153ジペーに大正2年10月25日に石原修が「女工と結核」と題して講演したとある。ただし、『女工哀史』では、「女工」と「工女」がともに用いられている。
（注2）山田盛太郎著『日本資本主義分析』（岩波文庫版・第1刷、1977年）88～89ジペー。
（注3）同前著、46～47ジペー。
（注4）「インド以下的な労働賃銀」の規定については、以前に「社会政策学会」内で正当に批判された。それでもこの基本構造規定の含意は正当なものなので、以下ではその意味であえてこの用語を用いる。
（注5）社会政策学会第一回大会での報告の中で、学会代表・金井延は、昔の家内工業では労使の「情誼が厚いが故に苟も苛酷の取扱を為すとか過重の労働時間を課すとか云うことは多くの場合に於て事実上出来得なかったのであります」が、今日の工場では「状態」が一変しているので、「弱者の保護」のために「工場法が必要である」と述べた。『工場法と労働問題』27～29ジペー。

（注６）社会政策学会第一回大会に来賓として参加した政府高官、添田寿一は、その「御演説」の中でこう述べた。もはや我が国においても「襲来して居る」「産業の革命」から「各種の弊害」が生じ、「甚しきは労働問題、社会問題などと云うやうな我国に於ては古来無かりしところの新問題が陸続踵を接して発生すると云うことになったのであります、而して茲に一つ私が衷心憂ふるに堪へないのは、若し我国に於て社会主義─誤ったる極端なる種類の社会主義と云うものが行はれるに至ったならば、是は他の国よりは猛烈に発すると云うことを断言して憚らぬのであります」『工場法と労働問題』81～82ページ。

（注７）それを全文収録した『職工事情』犬丸義一校訂（上）（中）（下）（岩波文庫、１９９８年）参照。

（ⅱ）明治の社会政策主義的な政策構造

明治の絶対主義国家は、「社会政策主義」の立場から、「工場法」に「労働者保護」の目的とともに、労働および社会不安を抑制し社会主義の禁圧にも役立たせる目的を託した。

ところが、現実には、日露戦争の大きな戦禍（とくに10万人余の戦死者）や、その戦争による労働および消費生活条件の悪化と貧富格差の拡大が基盤になって、戦争直後から講和条件への反発を口火とした民衆の暴動や軍民大経営での労働争議の続発とともに、社会主義運動の高揚が生じた。こうして明治国家がもっとも忌避した階級闘争激化の社会的圧力の増大に支えられて、明治国家が宿願とした「工場法」の制定が１９１１（明治44）年３月29日にやっと達成される。これも、社会政策の社会的必然性の貫徹なのである。

ただし、同法の施行は、「財界に気兼ねした」大蔵省が農商務省の予算要求を三度も拒絶し、５

年半後の1916（大正5）年9月1日まで遅らされた（注1）。

その一方で、この社会的圧力の主力をなした社会主義運動の高揚に対し、明治の絶対主義国家は、1911（明治44）年の1月に「社会主義者」の殲滅を目的とし「大逆事件」なる残虐な大冤罪をでっち上げて大弾圧を加え、「社会主義の冬の時代」を実現した。

なお、「社会主義の冬」は、大方が社会主義者でもあった明治労働運動の指導者たちを萎縮させ、「工場法」以上に「労働不安を緩和する作用を果たした」（注2）はずなのである。

こうして明治国家は、「工場法」の制定と「大逆事件」の双方において労働不安と社会不安の増大、とりわけ社会主義の思想と運動の広がりを抑止する目的を一体的に追求して達成したことになる。

なお、「工場法」の公布がこの時期になったもう一つの大きな理由は、「工場法」の制定と実施に資本家階級を代表して参与した渋沢栄一が、このころになってようやくあらゆる工場立法制定への反対から容認に転じたことであった。

渋沢の経歴そのものが、明治の工場立法問題を代表した。渋沢が社長を兼ねた「大阪紡績」は、1884（明治17）年に夜間操業を開始して労働者状態を悪化させた。しかも、「産業革命」を先導する新型機械の導入によって男性の職工から「工女」への置き換えを進め、自ら『女工哀史』（注3）づくりの先導者となった。「女工哀史」状態が国家的一大事となり、明治政府は工場立法のために1896（明治29）年に「農商工高等会議」を開設した。そのとき、渋沢は、綿「紡績連合会」を代表して工場立法に真っ向から反対し、「殖産興業」のために、「女工」の状態悪化を含め、あらゆる犠牲を払っても、成長不十分な綿紡績業の振興を優先すべきである、旨を主張したのである（注４）。

その彼が、１９０７（明治40）年の社会政策学会第一回大会での来賓「演説」において、今では（大）紡績業者は「夜業」廃止反対をいわなくなっており、また生産時間の「節約」なども進んでいるので、「今日に於て工場法が尚早いか、或は最早宜《よろ》しいかと云う問題におきましては、私はもう今日は尚早いとは申さぬで宜しかろうと思ふのであります」と、大資本家の「工場法」容認論を述べたのである。

これで、「工場法」制定の最大の障碍《しょうがい》が超えられた。ただし、抜け目の無い渋沢は、それに続けて、「之を施行しますには、成るべく実際と相適合することを希望いたすのであります」（注５）と、条件を付けた。工場法の施行を5年後まで遅らせたことなどは、渋沢のこの「希望」にも明治政府の都合にもよるものであった。

世はもう日本も独占資本主義の時代で、綿紡績業でも大企業の制覇は達成されており、「工場法」は大企業では達成済みの水準で一律規制を行うものであったので、大企業の制覇を一層強め、大資本の独占資本化をも促進するものであった。渋沢の「工場法」容認への転換は、この流れにも沿うものであった。

大資本がリードした「紡績連合会」が容認に転換したあとでも、中小商工業者が主体の「商工会議所」は、反対の旗を降ろさなかったが、理に適い、今や時勢にも乗った政府の「工場法」制定政策を変えるべくもなかった。

それでも、「工場法」案の一律規制案は、明治国家が自らの利益にもあわせて低劣な内容にしたため、中小企業の大量存続をも可能にし、それが国際競争力優位の最大の武器であった「インド以下的な労働賃銀」と表現された低劣な労働諸条件の存続をも容易にしたはずなのである。

さらにまた、明治初期から慈善事業にも熱心であった開明的な渋沢栄一ほどの大資本家は、日露戦争後の階級闘争激化の社会的圧力の増大に直面して、「工場法」もその緩和に有用であるとの社会政策学者たちの主張を受け入れた。この関係も彼の「工場法」反対から容認への転換を促したはずなのである。

ちなみに、慈善的な福祉事業にも熱心であった彼は、「養育院は……社会の害悪を未発又は未然に防止するもので、……自らを愛する為に是非ともやらねばならぬものである」（注6）と書いている。この論理を「工場法」の容認に当てはめれば、もう日本の紡績業は国際市場を制覇しつつあるのであるから、「工場法」を認めて「労働者保護」を行うことで、国際的なソーシャル・ダンピング批判に有効に対応できるだけでなく、「社会の害悪」＝社会主義の激発を「未発又は未然に防止する」ことにも役立たせることが出来るのであるから、今や「工場法」の制定は資本家、とくに大資本家が「自らを愛するためにぜひともやらねばならぬものである」、ということになる。

以上の考察をもとに、1911（明治44）年の時点で明治国家の「社会政策主義」的な政策構造を輪切りにすれば、中軸は社会主義禁圧政策にあって、「大逆事件」の大弾圧がそれを代表した。そしてその両翼の一方が明治社会政策の中心をなした「工場法」の立法であった。そして他方の翼が、これから見る「貧民済生」勅諭に発する「恩賜財団済生会」の創設であった。

思うに、窮民の医療欠乏を中心に彼らの極貧と貧富不平等の激化が「極端なる社会主義」が浸透する「最奥の基礎」を成し、絶対主義的な「天皇の仁慈」で「貧民済世」＝救療を施すふりをする政策は、これまた社会主義禁圧政策の一翼をなしたのである。

まず、事実と先行研究から先に見よう。１９１１年2月11日に「貧民済生に関する勅諭」が発布され、下賜金１５０万円に民間からの応募寄付を加え5月末に「恩賜財団済生会」が設立され、「済生会病院」を全国に展開させるもととされた。しかし、その結果は、「貧民済生」にはさほど役立たず、中流階層への病院医療に偏った、というのが定評である。

この政策について「大逆事件」の研究者・大原慧は、こう書き遺した。この「慈恵政策」は、『『大逆事件』の強行と楯の両面をなす政治的流れのなかで施行された日本的な『アメとムチ』の政策であった」（注7）。これはこれで伝統的な論法による優れた総括なのであるが、「アメ」をより広く捉えれば「工場法」の方が大きかったのであり、それを含めて全体的、一体的な政策体系として捉えたいのである。

いずれにせよ、この慈恵的な救療政策を明治の「社会政策主義」的な政策体系の一翼とみなす社会政策論はなかった。それには、この救療政策もその一環をなした救貧扶助政策とその「受救貧民」に関する在来の社会政策学と経済学の大きな欠落も関わっていた。

その一大欠落は、後述のように、戦前日本の社会政策学会と「マルクス経済学」を含む全経済学が『資本論』が重視した救貧扶助の「受救貧民」問題をまったく取り上げなかったことである。

そしてまた、現代社会政策の有力な一翼である社会保障の基本的源泉が救貧扶助であることは定説であるが、今でも救貧および公的扶助は「福祉」政策とされ、社会政策から切り離されがちである。

ちなみに、戦後「社会政策本質論争」で主役を演じた岸本英太郎は、「社会政策は賃労働を対象とする政策であるのに、社会保障は……一般国民をも対象としてふくむから」社会政策でないとし、まして「慈善」性をもつ救貧扶助は「福祉」であって社会政策ではないとした（注8）。「社会政策学会」は、この方法のうち前半の引用部分についてはもう乗り越えたが、後半の方法については「福祉政策」とし、「社会政策」との関係を曖昧にしたままである。

明治の天皇制国家の「貧民済生」の勅諭による救療政策は、ドイツにおける1881年の皇帝詔勅による「ビスマルク労働者保険法」中の「疾病保険法」の制定（注9）という社会政策にぴったり対応するものである。それゆえに、救療政策は「社会政策」ではないから別であるとせずに、社会政策的な対応性を重視したうえで、その後進性を確認すべきである。要するに、著者は、この「貧民済世」政策もドイツに遅れながら類似した「帝国」の「社会政策」構造の一環をなした、と主張したいのである。

すでに世界史的にはもう帝国主義段階にあって社会主義および労働運動が高度に発展し、日本でもそれに感応して社会主義と労働運動が勃興していた。その中で、この社会的圧力に対抗して時代錯誤的な「絶対主義」の天皇制国家が、社会主義の禁圧と労働不安の排除をも図って進めた時代錯誤的な括弧付の「社会政策」としての「貧民済生」救療政策であった、と理解したいのである。

以上、明治の絶対主義天皇制国家は、社会主義者を殲滅すべく、「大逆事件」を中心とし、「貧民済生」政策と「工場法」制定とを両翼に配する政策体系を進めた、とみなすゆえんである。

次項以下では、以上の総括的考察を各問題について補足することにする。

（注１）小林端五著『社会政策　各論』（青木書店、１９７７年）69～70ページ参照。

（注２）引用は以下のような兵頭釗「工場法の成立」（大石嘉一郎・宮本憲一編『日本資本主義発達史の基礎知識』有斐閣、１９７５年）の末尾（２５８ページ）からである。「この工場法は、……日露戦争頃より大工場に広がり始めていた労働条件を15人以上の工場に拡延するという内容をもったに過ぎなかったが、それでも尚、それは、社会主義者に対する苛烈な弾圧と相まって、日露戦争後深刻化しつつあった労働不安を緩和する作用を果たしたといってよい」。これにも異論はないが、労働不安の緩和、つまり階級闘争緩和の主力は「大逆事件」の大弾圧であり、それに比し工場法の作用は小さかったのである。

（注３）細井和喜蔵著『女工哀史』（岩波文庫、１９５４年第１刷）。その「あとがき」の冒頭に、「本書『女工哀史』は、著者が大正十二年七月に起稿し、大正十四年七月に初版が上梓される…」とある。この１９２５（大正14）年には、本稿がとくに重視して論ずる「治安維持法」と「普通選挙法」が成立している。つまり政治と社会が急旋回した年である。

（注４）鹿島茂著『渋沢栄一　上　算盤篇』（文春文庫、２０１３年）５３３～34ページ参照。

（注５）御茶の水書房版の『社会政策学会史料集成』第１巻『工場法と労働問題』51ページ。

（注６）鹿島茂の前掲著下巻の38ページに引用された『青淵回顧録』からの再引用。

（注７）前掲『日本資本主義発達史の基礎知識』２３６ページ。

（注８）岸本英太郎著『社会政策』（ミネルヴァ書房、１９６６年）43～44ページ。

（注９）木下秀雄著『ビスマルク労働者保険法成立史』（有斐閣、１９９７年）第３～４章参照。

（iii）明治国家の労働および社会主義運動への弾圧政策と「大逆事件」

明治国家は、日本での労働組合運動勃興の画期をなす1900（明治33）年の3月10日に公布した「治安警察法」などを駆使し、労働運動と社会主義運動を容赦なく弾圧してきた（注1）。

しかし、明治政府が近代国家としての認証と不平等条約の是正を求めていた相手の西欧諸国では、すでに社会民主主義運動が発展しており、国内では、日露戦争後に1905年講和条約条件への民衆の激しい反発による暴動（注2）や、幸徳秋水らの「極端なる社会主義」運動の勃興と軍民大経営における争議続発などの社会的圧力が増大していた。それらの影響を受け、1906（明治39）年に西園寺内閣が、「合法」主義と「普通選挙に基づく議会主義」を謳《うた》った「日本社会党」の結成を認める一時的な宥和《ゆうわ》政策を採る。すると、その「社会党」は、翌年3月の「東京市電値上げ反対集会」に関与して大衆と結合する気配を示し、すぐに全国に15支部と組織を広げた。しかし、同時に同党内の軟派と硬派との内紛も強まった。硬派の「直接行動論」には、訪米後の幸徳秋水のアナルコサンジカリズムから要人暗殺論まで幅があった。

長州閥元老の山県有朋は、明治天皇に直訴し、勅許を得て、政府の政策を社会主義運動殲滅政策に回帰させ、1908（明治41）年7月からの第二次桂内閣が「犯罪の誘発による撲滅」を図った。政府は、先の台湾支配に加えて、武力による威圧のもとに1910（明治43）年8月22日に「日韓（併合）条約」の調印を韓国に強いて植民地支配の「帝国」主義を強化し、国内に向けては社会主義殲滅政策の強権による断行の挙に出たのである。

この年にこの政府は、おりしも浮上した宮下太吉ら４名の天皇爆殺謀議を奇貨とし、１９１０年の５～６月に全国的に数百名を検挙し、内26名を起訴し、１９１１（明治44）年１月18日に大審院から24名死刑等の宣告を得た。政府は、在外公館に海外からの抗議が殺到するなか、宣告の翌日に12名を無期懲役に減刑しつつも、死刑宣告から旬日も経ない１月24日とその翌日に12名の処刑を断行した。

この「事件」において政府は、実際には謀議への参加者が３～４名であったのに、社会主義運動の殲滅を期して対象を当時の社会主義運動の首領格の幸徳秋水を含む謀議不参加者たちにまで拡大した。この政府は、皇室に危害を加えんとする者を死刑に処すことを定めた刑法第73条該当の「大逆事件（注３）」にフレームアップし、大量処刑を断行したものであり、日本の近現代史上最大級の国家権力による大冤罪弾圧事件となった。

この大弾圧によって「社会主義の冬」が生じ、暫《しば》し続くことになる。

しかし、「大逆事件」の歴史的な役割は、それにとどまる一過性のものではなかった。「大逆事件」は、敗戦直後まで施行された「治安維持法」と「刑法」第73条の「大逆」罪などを経由して、日本人の思想および人格のありようを、天皇を絶対的に尊崇させ、決して「民主共和制」などを希求させない「臣民」たらしめるための、暴虐な政治的仕掛けであったのである。

「大逆事件」に強く反発し体制批判の思想を強めた異例の先覚者は、若き歌人・石川啄木であった。彼は、貧苦のうちに幸徳秋水やクロポトキンらの国禁の書に接し思想的影響を受けていて、「朝日新聞」の校正に従事していた当時の26歳で、「日韓併合に抗する歌」を詠んでいた。おりしも、彼は、「大逆事件」の報に接し、雑誌『スバル』の同人仲間で事件の弁護人となった平出修《ひらいでしゅう》のもとで「秘密裁判」の記録を筆写したりして真相を窺《うかが》い知り、「時代閉塞の現状」を痛嘆しつつ、「我々は一斉に起って先ず此時代閉塞の現状に宣戦しなければならぬ」と、じきに夭折《ようせつ》する彼には無かった「新しき明日（あした）」を期したのである。彼はまた、「大逆事件」のさなかにこう詠んで、明治専制国家の非道な強権を憎んだ。

「新しき明日の来るを信ずといふ／自分の言葉に／嘘はなけれど」（注4）

（注1）荒畑寒村著『寒村自伝　上』（岩波文庫、1982年）参照。

（注2）信夫清三郎著『大正デモクラシー史I』（日本評論社、1958年）の第1章参照。

（注3）「大逆事件」の被告らの同志であった荒畑寒村は、『自伝』において、「大逆事件……の陰謀は僅か三、四人の計画にとどまっていた。他の約二十人は政府がこれを奇貨として社会主義運動の活動分子を殲滅しようとした奸策の犠牲に外ならない…フレームアップ」（岩波文庫、上巻、320ページ）であったと書いている。

なお、田中伸尚著『大逆事件―死と生の群像』（岩波書店、2010年）は、この明治帝国権力の暴虐な大冤罪の捏造による大弾圧を告発し、この国家犯罪が当事者とその遺族に与えた長大な被害を克明に掘り起こしている。田中は、この本のなかで、「自由・平等・博愛を求めた小松や岡林らを含む多数の人びとを強引に『大逆罪』に追い込み、一二人を殺し、生き残った一四人の人生を奪った暴力的明治国家の直接の責任者だった平沼騏一郎」の、その後の出世のあとと事件への回顧を紹介している（226〜228頁）。

（注4）この部分は、主に池田功著『啄木日記を読む』（新日本出版社、2011年）の77〜84ページの「大逆事件の衝撃」と、同著者が上梓した『啄木　新しき明日の考察』（新日本出版社、2012年）の「はじめに」と、「3　日韓併合に抗する歌――亡国の認識」によった。

(iv)「恩賜財団済生会」と「工場法」の成立

1911(明治44)年5月12日の「貧民済生に関する勅諭」の発布に発する「恩賜財団済生会」の設立は、明治天皇の「貧民済生」救療の「仁慈」政策であり、敗戦前の天皇制国家の「社会政策」を貫通した労働者階級を含む人民の「自主性」剥奪の「慈恵」性を代表する「社会政策」(注1)であった。

この「済生会」の設立と「工場法」の立法は、やはり日露戦争後の民衆暴動と軍民大経営での争議続発と社会主義運動の台頭による社会的圧力のもと、それぞれ深刻な社会問題となっていた貧民医療の欠乏と「労働者保護」規制なき「原生的労働関係」下の劣悪な労働者状態を是正する課題に対し、それぞれ矮小な救療と「工女」等の法的「保護」を約束する小さな「アメ」であった。これを社会主義大弾圧の「大逆事件」という巨大な「ムチ」と一体化させることで、「労働貧民」を中心に人民を「半隷奴」的「臣民」として、日清・日露戦争と韓国併合を通じ帝国主義国となった明治天皇制国家に包摂し隷属させせようとしたのである。

全文25条と付則からなる「工場法」(注2)は、15歳未満の児童と女性をいわゆる「保護職工」とし、常時15人以上を雇用する工場に法の適用を制限し(1条1項1号)、「十二歳未満ノ者」の就業を禁止した(2条1項)のはともかく、「保護職工」の労働日を原則12時間と長時間にし(3条1項)、しかも法施行後15年間は2時間以内の残業を認めた(同2項)。とくに問題の徹夜勤務については、保護職工を「午後十時ヨリ午前四時ニ至ル間ニ於テ就業セシムルコトヲ得ス」（4条）と定めておきながら、当時、繊維産業では一般的になっていた昼夜2交代制を採る場合には、法施行後15年間、4条を適用しないことにした（6条）。

このように「工場法」は、実にお粗末な立法であった。もちろん、その圧倒的な責任は、資本家階級の頑強な抵抗と、政策主体たる明治国家の「富国強兵・殖産興業」政策による改良の消極性と重なる資本家寄りの政策姿勢にあったが、一端の責任は労働組合運動の側の取り組みの弱さにもあった。それゆえ、「工場法」の制定を強いた労働・社会運動による圧力の中心は、「大逆事件」が弾圧した社会主義運動の脅威にあったはずである。

大原社会問題研究所編『社会・労働運動大年表Ⅰ』には、86ページに1900（明治33）年2月下旬「労働組合期成会・鉄工組合、島田三郎を通じて貴・衆両院に工場取締法制定請願趣意書を提出」との記載があるだけである。

（注1）風早八十二著『日本社会政策史』（日本評論社、1947年）444〜447ページ。なお、風早は、同著、序論の四「社会政策概念と慈恵概念との区別」において、要するに労働者に権利を付与する社会政策とお恵み＝慈恵との峻別の必要性を強調した。その意味ではまさにそうなのである。しかし、風早も「資本制労働関係」に関わる政策だけを「社会政策」と狭く解し、「貧民済生」のごとき救療扶助を「慈恵」として「社会政策」概念から排除した。この方法の背後に、後述の救貧扶助の「受救貧困」論の欠落の影響をも見るのである。

（注2）「工場法」の全文については、閣議書の「御署名原本」による。

私もこの稿を起こすまでは、その全文に触れることはなかった。資料的価値も高いので、ここに全文を転載する。ただし、一部の漢字を換えている。

工場法（明治四十四年三月二十八日公布　法律第四十六号）

第一条　本法ハ左ノ各号ノ一ニ該当スル工場ニ之ヲ適用ス

一　常時十五人以上ノ職工ヲ使用スルモノ

二　事業ノ性質危険ナルモノ又ハ衛生上有害ノ虞アルモノ

本法ノ適用ヲ必要トセサル工場ハ勅令ヲ以テ之ヲ除外スルコトヲ得

第二条　工業主ハ十二歳未満ノ者ヲシテ工場ニ於テ就業セシムルコトヲ得ス但シ本法施行ノ際十歳以上ノ者ヲ引続キ就業セシムル場合ハ此ノ限ニ在ラス

行政官庁ハ軽易ナル業務ニ付就業ニ関スル条件ヲ附シテ十歳以上ノ者ノ就業ヲ許可スルコトヲ得

第三条　工業主ハ十五歳未満ノ者及女子ヲシテ一日ニ付十二時間ヲ超エテ就業セシムルコトヲ得ス

主務大臣ハ業務ノ種類ニ依リ本法施行後十五年間ヲ限リ前項ノ就業時間ヲ二時間以内延長スルコトヲ得

就業時間ハ工場ヲ異ニスル場合ト雖前二項ノ規定ノ適用ニ付テハ之ヲ通算ス

第四条　工業主ハ十五歳未満ノ者及女子ヲシテ午後十時ヨリ午前四時ニ至ル間ニ於テ就業セシムルコトヲ得ス

第五条　左ノ各号ノ一ニ該当スル場合ニ於テハ前条ノ規定ヲ適用セス但シ本法施行十五年後ハ十四歳未満ノ者及二十歳未満ノ女子ヲシテ午後十時ヨリ午前四時ニ至ル間ニ於テ就業セシムルコトヲ得ス

一　一時ニ作業ヲ為スコトヲ必要トスル特種ノ事由アル業務ニ就カシムルトキ

二　夜間ノ作業ヲ必要トスル特種ノ事由アル業務ニ就カシムルトキ

三　昼夜連続作業ヲ必要トスル特種ノ事由アル業務ニ職工ヲ二組以上ニ分チ交替ニ就業セシムルトキ

前項ニ掲ケタル業務ノ種類ハ主務大臣之ヲ指定ス

第六条　職工ヲ二組以上ニ分チ交替ニ就業セシムル場合ニ於テハ本法施行後十五年間第四条ノ規定ヲ適用セス

第七条　工業主ハ十五歳未満ノ者及女子ニ対シ毎月少クトモ二回ノ休日ヲ設ケ職工ヲ二組ニ分チ交替ニ午後十時ヨリ午前四時ニ至ル間ニ於テ就業セシムル場合及第五条第一項第二号ニ該当スル場合ニ於テハ少クトモ四回ノ休日ヲ設ケ、又一日ノ就業時間カ六時間ヲ超ユルトキハ少クトモ三十分、十時間ヲ超ユルトキハ少クトモ一時間ノ休憩時間ヲ就業時間中ニ於テ設クヘシ

職工ヲ二組以上ニ分チ交替ニ午後十時ヨリ午前四時ニ至ル間ニ於テ就業セシムルトキハ十日ヲ超エサル期間毎ニ其ノ就業時ヲ転換スヘシ

第八条　天災事変ノ為又ハ事変ノ虞アル為必要アル場合ニ於テハ主務大臣ハ事業ノ種類及地域ヲ限リ第三条乃至第五条及前条ノ規定ノ適用ヲ停止スルコトヲ得

避クヘカラサル事由ニ因リ臨時必要アル場合ニ於テハ工業主ハ行政官庁ノ許可ヲ得テ期間ヲ限リ第三条ノ規定ニ拘ラス就業時間ヲ延長シ、第四条及第五条ノ規定ニ拘ラス職工ヲ就業セシメ又ハ前条ノ休日ヲ廃スルコトヲ得

臨時必要アル場合ニ於テハ工業主ハ其ノ都度予メ行政官庁ニ届出テ一月ニ付七日ヲ超エサル期間就業時間ヲ二時間以内延長スルコトヲ得

季節ニ依リ繁忙ナル事業ニ付テハ工業主ハ一定ノ期間ニ付予メ行政官庁ノ許可ヲ受ケ其ノ期間中一年ニ付百二十日ノ割合ヲ超エサル限リ就業時間ヲ一時間以内延長スルコトヲ得此ノ場合ニ於テハ其ノ認可ヲ受ケタル期間内ハ前項ノ規定ヲ適用セス

第九条　工業主ハ十五歳未満ノ者及女子ヲシテ運転中ノ機械若ハ動力伝導装置ノ危険ナル部分ノ清掃、注油、検査若ハ修繕ヲ為サシメ又ハ運転中ノ機械若ハ動力伝導装置ニ調帯、調索ノ取付ケ若ハ取外シヲ為シメ其ノ他危険ナル業務ニ就カシムルコトヲ得ス

第十条　工業主ハ十五歳未満ノ者ヲシテ毒薬、劇薬其ノ他有害料品又ハ爆発性発火性若ハ引火性ノ料品ヲ取扱フ業務及著シク塵埃、粉末ヲ飛散シ又ハ有害瓦斯ヲ発散スル場所ニ於ケル業務其ノ他危険又ハ衛生上有害ナル場所ニ於ケル業務ニ就カシメルコトヲ得ス

第十一条　前二条ニ掲ケタル業務ノ範囲ハ主務大臣之ヲ定ム
　前条ノ規定ハ主務大臣ノ定ムル所ニ依リ十五歳以上ノ女子ニ付之ヲ適用スルコトヲ得
第十二条　主務大臣ハ病者又ハ産婦ノ就業ニ付制限又ハ禁止ノ規定ヲ設クルコトヲ得
第十三条　行政官庁ハ命令ノ定ムル所ニ依リ工場及附属建設物並設備カ危害ヲ生シ又ハ衛生、風紀其ノ他公益ヲ害スル虞アリト認ムルトキハ予防又ハ除害ノ為必要ナル事項ヲ工業主ニ命シ必要ト認ムルトキハ其ノ全部又ハ一部ノ使用ヲ停止スルコトヲ得
第十四条　当該官吏ハ工場又ハ其ノ附属建設物ニ臨検スルコトヲ得此ノ場合ニ於テハ其ノ証票ヲ携帯スヘシ
第十五条　職工自己ノ重大ナル過失ニ依ラスシテ業務上負傷シ、疾病ニ罹リ又ハ死亡シタルトキハ工業主ハ勅令ノ定ムル所ニ依リ本人又ハ其ノ遺族ヲ扶助スヘシ
第十六条　職工徒弟、職工徒弟タラムトスル者若ハ工業主又ハ其ノ法定代理人若ハ工場管理人ハ職工徒弟又ハ職工徒弟タラムトスル者ノ戸籍ニ関シ戸籍吏ニ対シ無償ニテ証明ヲ求ムルコトヲ得
第十七条　職工ノ雇入、解雇、周旋ノ取締及徒弟ニ関スル事項ハ、勅令ヲ以テ之ヲ定ム
第十八条　工業主ハ工場ニ付一切ノ権限ヲ有スル工場管理人ヲ選任スルコトヲ得
　工業主本法施行区域内ニ居住セサルトキハ工場管理人ヲ選任スルコトヲ要ス
　工場管理人ノ選任ハ行政官庁ノ許可ヲ受クヘシ但シ法人ノ理事、会社ノ業務ヲ執行スル社員、会社ヲ代表スル社員、取締役、業務担当社員其ノ他法令ノ規定ニ依リ法人ヲ代表スル者及支配人ノ中ヨリ選任スル場合ハ此ノ限ニ在ラス
第十九条　前条ノ工場管理人ハ本法及本法ニ基キテ発スル命令ノ適用ニ付テハ工業主ニ代ルモノトス但シ第十五条ニ付テハコノ限ニ在ラス
　工業主営業ニ関シ成年者ト同一ノ能力ヲ有セサル未成年者若ハ禁治産者ナル場合又ハ法人トナル場合ニ於テ工場管理人ナキトキハ其ノ法定代理人又ハ理事、業務ヲ執行スル社員、会社ヲ代表スル社員、取締

役、業務担当社員其ノ他法令ノ規定ニ依リ法人ヲ代表スル者ニ付亦前項ニ同シ
第二十条　第二条乃至第五条、第七条、第九条又ハ第十条ノ規定ニ違反シタル者及第十三条ノ規定ニ依ル処分ニ従ハサル者ハ五百円以下ノ罰金ニ処ス
第二十一条　正当ノ理由ナクシテ当該官吏ノ臨検ヲ拒ミ若ハ之ヲ妨ケ若ハ其ノ訊問ニ対シ答弁ヲ為ササル者ハ三百円以下ノ罰金ニ処ス
第二十二条　工業主又ハ第十九条ニ依リ工業主ニ代ル者ハ其ノ代理人、戸主、家族、同居者、雇人其ノ他ノ従業者ニシテ本法又ハ本法ニ基キテ発スル命令ニ違反スル所為ヲ為シタルトキハ自己ノ指揮ニ出テサルノ故ヲ以テ其ノ処罰ヲ免ルルヲ得ス但シ工場ノ管理ニ付相当ノ注意ヲ為シタルトキハ比ノ限ニ在ラス
工業主又ハ第十九条ニ依リ工業主ニ代ル者ハ職工ノ年齢ヲ知ラサルノ故ヲ以テ本法ノ処罰ヲ免ルルコトヲ得ス但シ工業主又ハ第十九条ニ依リ工業主ニ代ル者及取扱者ニ過失ナカリシ場合ハコノ限ニ在ラス
第二十三条　本法ニ依ル行政官庁ノ処分ニ不服アル者ハ訴願ヲ提起シ違法ニ権利ヲ傷害セラレタリトスルトキハ行政訴訟ヲ提起スルコトヲ得
第二十四条　主務大臣ハ第一条ニ該当セサル工場ニシテ原動力ヲ用フルモノニ付テハ第九条、第十一条、第十三条、第十四条、第十六条及第十八条乃至第二十三条ノ規定ヲ適用スルコトヲ得
第二十五条　本法又ハ本法ニ基キテ発スル命令ハ工場管理人ニ関スル規定及罰則ヲ除クノ外官立又ハ公立ノ工場ニ之ヲ適用ス
官立工場ニ関シテハ所轄官庁ハ本法又ハ本法ニ基キテ発スル命令ニ依リ行政官庁ニ属スル職務ヲ行フ

付則

本法施行ノ期日ハ勅令ヲ以テ之ヲ定ム

2　工場立法政策と日本社会政策学会の形成

（ⅰ）労働組合運動の勃興

そもそも工場立法を社会政策の基本型と捉える日本の社会政策学は、理論的および歴史的な由来を持つ。「社会政策学会の成立」をも促したその歴史的な由来から見よう。

１８９４～95（明治27～28）年の日清戦争を契機に、工女を主労働力とした繊維産業中心に産業革命による機械制工場工業化が急進し、労働運動も勃興した。

労働運動は、「自由民権運動」（１８７４～87年）の後期に当たる１８８０年代の長崎・高島炭鉱での相次ぐ暴動に始まり、共に軍隊が鎮圧に出動した１９０７（明治40）年の栃木・足尾および愛媛・別子銅山の暴動へと連なる暴動的な争議と並行に、労働者たちの労働組合への団結とストライキも勃興した（注1）。

明治国家は、産業革命による労資関係の緊張増大が「富国強兵殖産興業」の国策の振興を妨げ、絶対主義的な天皇制の「国体」にも打撃をあたえかねないことを危惧し、後進国の常として初期から社会主義者が関わった労働運動の勃興に禁圧的に対応した。

明治国家は、工場での婦女子労働のごく矮小な保護的規制を図る「職工条例」の制定を打診することから始め、１８９７（明治30）年に労働組合運動が勃興するや、いち早く１９００（明治33）年３月に「治安警察法」（以下、「治警法」と略称）を制定し、運動の弾圧に用いた。同法は、政治結社と集会を規制するとともに労働および小作争議を取り締まる治安立法であり、敗戦後まで存続した。

とくに同法の第17条（注２）は、実質的に団結と罷業を禁圧し、第30条は、第17条違反への刑罰を定めた。はたして、この治警法による官憲の常時介入は、自主的な労働・社会運動を困難にし、勃興したばかりの幼弱な労働運動の出鼻をくじくことになった。

（注１）１８８４（明治17）年、秀英舎市谷工場職工による労組組織運動。１８９２年７月海軍造兵廠５００名スト。１８９３年大阪・天満紡績スト。１８９７（明治30）年４月、職工義友会結成。同年７月、職工義友会を母体に労働組合期成会が結成され、各地のストを援助し工場法制定の運動を起こす。12月１日、鉄工組合の結成。１８９８年２月２日、日本鉄道会社機関手「我党待遇期成同盟会」４００名が福島を中心に東北線全線にわたるストを決行し、３月28日に要求を貫徹した。２月10～15日、三井富岡製糸所の女工スト。２月17～19日、福島県白河町製糸工場・白清館女工のストなど。

（注２）「左ノ各号ノ目的ヲ以テ他人ニ対シテ暴行脅迫シ若ハ公然誹毀《ひき》シ又ハ第二号ノ目的ヲ以テ他人ヲ誘惑若ハ煽動スルコトヲ得ズ」。第二号「同盟解雇若ハ同盟罷業ヲ遂行スルガ為使用者ヲシテ労務者ヲ解雇セシメ若ハ労務ニ従事スルノ申込ヲ拒絶セシメ又ハ労務者ヲシテ労務ヲ停廃セシメ若ハ労務者トシテノ雇用スルノ申込ヲ拒絶セシムルコト」。

（ⅱ）「工場法」をめぐる論議と社会政策学会の成立

「工場法」の立法をめぐる論議については、すでに立ち入っているので、ここでは補足的に経過（注１）を中心に述べよう。明治国家の官僚は、海外の経験に学んで問題を先読みし、所管の農商務省が１８８２（明治15）年に立案に着手し、１８９１（明治24）年に各地の商業会議所に職工条例に関し諮問したのを皮切りに、立法の推進を図った。大内兵衛がドイツ社会政策学会の領袖ワグナーを「ピンからキリまで」まねた「二番せんじの翻訳者」と酷評した（注２）東京帝大教授で第一世代の社会政策学を代表した金井延をはじめ、社会政策学者の多くは、工場立法が労働者保護に役立つだけでなく、彼らが反対した社会主義の温床をなす労働問題激化の予防にも役立つとして、政府の立法推進政策を弁護した。

前述のように渋沢栄一が代表した財界側は、頑強に立法に反対した。自由主義経済学者の田口卯吉も財界側を代弁し、日本は情誼《じょうぎ》厚く工場立法も公的救貧も「其の必要なし」と主張した。

明治国家は、婦女子の工場労働の保護規制がぜひ必要であるとし、各府県警察命令による「工場及び職工取締保護規則」を施行し、１８９６（明治29）年の10月19日に第一回農商工高等会議を開設し、職工証制度による移動規制等の職工取り締まりと、児童の就業禁止、年少者の労働時間規制などの労働者保護とを定める法案を諮問した。前記のごとくこれでも財界側の反対が強かったため、政府側は工場調査のみを決定させ、１９０３（明治36）年に『工場調査要領』と『職工事情』を作成し、上梓した。

政府は、その後も繰り返し法案を修正して諮問を重ねたうえ、日露戦争後に、欧米からの「ソーシャル・ダンピング」の非難に対応する必要の増大と、国内での社会主義運動高揚の脅威に対応して立法を急いだ。政府は、法案の「規制緩和」を重ねて、ようやく1911（明治44）年3月29日に「工場法」の成立にこぎつけた。ただし、大蔵省が財界の要求に沿い農商務省の関係予算の要求を3年間拒絶したが、社会政策の振興を掲げた大隈内閣の手で1916年からの施行が決定された。結局、法の施行は、法成立から5年半後の1916年9月1日に遅らされた（注3）。

渋沢栄一が代表した財界は、ながく矮小な規制案にすら反対したが、日露戦争後の階級闘争等の高まりを見て、「工場法」の制定が労働および社会不安の沈静化にも役立つと説いていた官僚と社会政策学者たちの主張に同調することに決したはずなのである。

男性中心の労働組合運動は、婦女子の保護職工を対象にする工場立法問題について関心が低く、取り組みが弱かった。この関心の低さと取り組みの弱さが「工場法」の低劣をもたらした一因であった。「工場法」の成立を強いた社会的力は、この問題では大方間接的であったが、日露戦争後の民衆暴動と労働争議の続発のほか、明治専制国家が冤罪の「大逆事件」被告たちの死刑と無期懲役をもって殲滅を図った「極端なる種類の社会主義」運動の脅威であった。

すでに、この社会主義運動殲滅政策をも支持する「社会政策学会」の形成も、胎動していた。ドイツ流に「君主政体が社会政策に適合する政体」であると主張した東京帝大教授の桑田熊蔵によれば、第一回農商工高等会議の半年前の1896（明治29）年の4月2日に、ドイツへの留学経験者ら10余名でドイツ工場法に関するテキストを俎上《そじょう》に載せて勉強会を始めた。この研究会は、労組運動が勃興した１８９７（明治30）年に「社会政策学会」を名乗り、１９０７（明治40）年９月16日の例会で「学会」の規約を採択し、同年12月22日に第一回大会を東京帝大32番教室にて「工場法と労働問題」を共通論題として開催するに至る。

このように、明治時代における社会政策学会の形成は、工場立法問題の論議を中心にしてなされた。この経緯が工場立法を社会政策の基本と捉える日本社会政策論の歴史的由来をなす。

（注１）兵藤釗「工場法の成立」『基礎知識』２５７～２５８ページ参照。
（注２）大内兵衛著『経済学五十年』（東大出版会、１９４０年）10、92ページ。
（注３）小林端五著『社会政策　各論』（青木書店　１９７７年）69～70ページ。

（ⅲ）工場立法＝社会政策基本論の理論的な由来

もちろん、理論的な由来もある。『資本論』も、工場立法をもっとも基本的な社会立法としている。ただし、実際には『資本論』と正反対に社会主義反対を主眼としたドイツ伝来の官房学的な社会政策学は、社会主義の温床となる社会問題の中心を賃金労働者が主体の労働問題に認め、労働運動の激化や革命化を防止するための政策論を説いたのである。そして改良主義的な労働組合主義を唱えたブレンターノ流の「労働経済」論を含め、およそ労働者状態と労働運動に関する論議は、労働問題の基本的な契機をなす賃金および労働時間問題から立論されるのが常であった。ちなみに、ウェッブ夫妻の「産業民主制」論でも、「ナショナル・ミニマム」は、工場立法による労働時間の全国一律規制に始まる、とされたのである。

とはいえ、日本社会政策論の工場立法論に対する最大の理論的影響は、大正時代から昭和初期にかけ本格的に普及し始めた『資本論』であり、とくにその第1巻第8章の「労働日」論によるものであった。少なくとも東京帝大の大河内一男の1933（昭和8）年の論文（後記）は、そうであった。

とにかく『資本論』の「労働日」論は、「絶対的剰余価値の生産」のために労働日を際限なく延長したがる資本側と、労働日を労働力の再生産可能限度内に制限させようとする労働者側との、労働日をめぐる権利対権利の階級闘争に国家が介入して工場立法による労働日の最高限度の規制が成立し展開する必然性と、その法的規制が産業の機械化・近代化と労働者階級の発達に資する進歩的役割を、歴史的例証をも加えて明示している。この「労働日」論は、今日でも労働日の基準に関するＩＬＯ（国際労働機関）が定めた第1号条約さえ批准していない現代日本の社会政策論をも導く古典とされるべきものである。

(ⅳ) 大河内論文による生産力説的な統合

すでに戦前日本の社会政策学会が衰滅したあとの昭和初期から登場し、やがて日本の社会政策学に最大級の影響を及ぼすことになる大河内一男は、1933（昭和8）年11月発刊の東京帝大『経済学論集』に初期の代表的論文「労働保護立法の理論に就いて」（注1）を発表した。

ちなみに、著者が生まれた年でもある1933年には、後述の「治安維持法」による検挙者数が最多を記録し、この年の2月20日には小林多喜二が特高に逮捕され、即日、虐殺された。多喜二のようになりたいか、という特高の脅しも、当時の「転向」なだれを引き起こした一因であった。

この情勢（注2）が同論文に代表される「大河内理論」の形成に影響しなかったはずはない。以下の問題点は、そのせいもあったと推論される。彼は、戦後もそのことを認めず、この論文をそのまま公表し続けた。

この論文は、一見して明らかなように『資本論』により、とりわけその「労働日」論によったが、肝心な点でそれから逸脱した。まず「生産要素」＝生産力としての「労働力」政策の側面だけを打ち出し、肝心の資本による剰余労働＝剰余価値の搾取をめぐる労資の対立関係については、まったく触れていない。

彼はまた、「原生的労働関係」のもとでの「自然的存在」としての労働者には工場立法が、組織された「社会的存在」としての労働者には「労働保険」と「解放立法」（＝労働組合立法）が対応するとした。

彼は、「労働者をその自然的存在に於て考えた場合」で始まる段落（注3）の中で、「労働者の社会的存在より来る制限」に言及している。しかし、賃金労働者は、はじめから「社会的存在」であって「自然的存在」ではない。彼がこう規定したのは、未発達で組織的闘争能力の無い労働者であると言いたかったからである。しかし、労働者階級は、初発から暴動などの形態で労働運動を、そして階級闘争を始めていた。

この論文を起点とする大河内理論が「社会政策の生産力説」であることは、明らかなのである。

『資本論』の「労働日」論においては、「労働日」は、労資間の権利と権利との階級闘争によって決まり、そしてその階級闘争への国家の介入形態である工場立法による労働日の最高限度規制も、それを巡る階級闘争によって成立し発展するとされた。大河内のこの論文は、マルクスのこの「労働日」論から肝心かなめの基本的契機としての階級闘争の役割を排除し、工場立法は経済成長のために必須の「経済的必然性」においてのみ成立すると説きつつ、「労働日」論から工場立法が労働力の保全と発達に、ひいては労働者階級の発達にも役立つとする論点は借用して取り込んでいる。つまり、マルクスの「労働日」論から階級闘争による決定という肝心かなめの骨を抜き、「労働者保護立法」としての工場立法に代表させて社会政策を「生産要素」＝生産力としての「『労働力』の順当なる保全」政策であると規定したのである。

これは、『資本論』の「労働日」論の「生産力説」への換骨奪胎である。

あるいは、「工場法」の成立のために、労働組合運動はほとんど動かなかったのではないか、と言われるかもしれない。なるほど、前述のように明治時代の日本の男性中心の労働組合運動は、婦女子の労働者を主な「保護職工」とする「工場法」問題に熱心に取り組んだ形跡が見当たらない。

しかし、基本的契機である階級闘争の作用となると、話はまったく別である。

ちなみに、たとえばG・D・H・コールの『イギリス労働運動史（Ⅰ〜Ⅲ）』（林健太郎等訳、岩波現代叢書、1952年）をひもとけば、英国においては、「10時間労働」（日）運動と平行して、1830年代に「ラッダイト」の暴動が頻発し、1834年の「新救貧法」反対運動が展開し、「チャーチスト運動」が開始されていたことが分かる。これらの運動の全体が社会的力として作用して、

１８３３年の「工場監督官」制度を備えた本格的な工場立法が成立したのである。日本でも、「工場法」の成立は、前述のように日露戦争後の階級闘争の高まりを通じて実現している。

大河内一男は、彼自身も生きた敗戦前の日本の歴史にも明るかった。にもかかわらず、あえて階級闘争という基本的契機を排除したことには、彼もまた「15年戦争」と「昭和ファシズム」のもとにあって、「治安維持法」による弾圧を避けようとしたことが影響したはずなのである。

彼は、その「生産力説」のおかげで、検挙され大学を追われることを免れた。彼が敗戦後に『資本論』に学んだことを明らかにしたとき、その「労働日」論における階級闘争の役割論を認めるべきであった。それをしなかった彼の責任は、彼の社会政策学会への影響力が大きかっただけに、重い。

ともあれ、この大河内論文は、正当に工場立法を社会政策の基本としながらも、それから基本的契機としての階級闘争の役割を排除することによって、「社会政策主義」を護持し、展開させることになった。

この論文は、日本社会政策論の歴史的由来を継承し、そしてその理論的由来を生産力説に変換させて歴史的由来と統合するものとなった。

彼の理論は、「15年戦争」期に「昭和ファシズム」を伴った国家独占資本主義の労働力政策に順応してこれを取り入れつつ生成・展開し（注４）、戦後危機において労働組合運動に生産力復興への積極的協力を推奨する政策論として再生した。これが服部英太郎の論文「社会政策の生産力説への一批判」によって批判されたことは、前述のとおりである。そして服部のこの論文が戦後の社会政策論争に点火することになったが、この論争が抽象的な「社会政策本質論争」に変換されることで、服部の批判が提起した問題の本旨からそれ、服部からも「不毛」であると批判されることになる。

（注1）同論文は、大河内一男著『社会政策の基本問題　増訂版』（日本評論社、1994年）にも収載。
（注2）同論文が発表された1933（昭和8）年に最多を記録した「治安維持法」による検挙者の中に河上肇も含まれた。そしてそのことに関連して、プロレタリア詩人の槇村浩は、「京都帝国大学」と題した詩の末尾で、「河上博士は老マルキストとして獄中ますます健在である、（京都）学連の党的活動はさらに非転向的であるだろう―これが学生の言葉だった！」と詠っている。『間島パルチザンの歌』（新日本出版社、改訂12刷、1979年）161ページ。現実には「転向」なだれが起きていたのに、仲間を励ますために、こう詠んだのであろう。
（注3）大河内・前掲書、242ページ。
（注4）より詳しくは、拙著『国家独占資本主義と社会政策』（未来社、1974年。現在はオンデマンド版で入手可能）の「第1章　現代社会政策論の基本問題」、「二　社会政策の生産力説と国家独占資本主義」において論じられている。

（Ⅴ）労働者「健康保険法」への社会政策の発展序列論

戦前日本の社会政策学会は、1873年結成のドイツ「社会政策（支持）学会」（Verein für Sozial Politik）とそれが代表した新歴史学派経済学の移植から始まった。

Sozial Politik 論の宗主国である１８７１年建国の「ドイツ帝国」は、工場立法を未熟にしたまま、反社会主義のための社会政策として１８８０年代に国営労働者保険の三法を世界に先駆けて成立させていた。ところがドイツ社会政策学の移植に努めた明治・日本の社会政策学会は、英国が代表した工場立法問題に論議を集中した。そして労働者「健康保険法」は、１９２２（大正11）年に制定される。

もちろん、この発展序列は、社会政策の歴史的な流れにも、『資本論』の論理にも大方は沿い、ひそかに『資本論』に学んだ大河内一男が前掲論文において、日本社会政策の発展序列に即し、工場立法から「労働保険」と「解放立法」へと整序した方向に沿うものであった。大河内も熟知していた英国の社会政策史では、工場立法、労働組合立法、「１９１１年国営保険法」（注１）（National Insurance Act,1911）＝国営労働者保険の順に展開している。

日本では「健康保険法」の成立直後から政府部内で労働組合法案が検討されていたが、財界筋の強烈な反対によってその企図も潰され、大河内が前掲論文を発表した年には天皇制国家の治安警察「特高」によって多喜二が虐殺され、労働組合法成立の可能性も消滅していた（注２）。その年に大河内があえて１９２０年代前半期に取り上げられた「労働保険」と「解放立法」を提起したわけについてはつまびらかにしないが、彼の労働組合「解放立法」への希求の念のなせるわざであったのであろう。大河内一男の「社会政策主義」者としての積極的側面をそこに見るのである。

もちろん、マルクス主義を忌避した明治の日本政府も弁護論的な社会政策学者たちもまた、マルクス主義の見地に影響されることはなかった。

日本史に沿って言えば、こうなる。日本に世界市場への開国と国際競争を強いた世界列強を後追いして半封建性を残したまま帝国主義的な資本主義化を急いだ明治・日本の絶対主義的天皇制国家も、それを支持して形成された日本の「社会政策学会」も、すでに国際的に高揚しつつあった社会主義運動の日本への波及を大いに恐れていた。この学会は、労働者と農民の劣悪な状態に促され迫害されても台頭を重ねる社会主義運動を排撃する「社会政策主義」の見地から、社会政策が対象とする社会問題の中心を社会主義運動の温床となりがちな労働問題に認め、労働問題の激化を予防するため、明治国家が優先課題としていた「工場法」の制定問題に論議を集中し、「健康保険法」問題を大正時代に委ねたのである。

（注1）通常、1911年法も「国民保険法」と訳されるが、同法は賃金労働者のみを被保険者とするものなので、「国営（労働者）保険法」と訳すべきである。同一名称の1946年法は、全国民を被保険者としたので、「国民保険法」と訳せるのである。

（注2）内務省社会局が起草した最後の労働組合法案は、1925年に発表された。『近代日本総合年表』（岩波書店、1991年）には、1925（大正14）年、8・18「内務省、労働組合法案発表」と記載されている。

(vi) 大河内の「労働力型」即応の社会政策展開論の出発

一方、大河内一男の「労働保護立法の理論に就いて」は、労働者「健康保険法」や団結「解放立法」をあとまわしにすることが「労働者」＝「労働力」の発達序列に対応する必然であると論じた。この論理の裏側にも『資本論』の「労働日」論があった。

ともあれ、同論文は、未発達の「自然的存在」としての労働者には、資本主義経済の成長が必須とする、つまり「経済的必然性」による「労働力保全」政策としての「労働者保護立法」＝工場立法が対応して成立し、それが社会政策の基幹をなす。そして労働力の保全を土台として労働力の主体たる労働者が成長して「社会的存在」となり、意識的・組織的に運動するようになる、と立論していた。これが、社会政策について階級関係を軽視もしく排斥する労働力および賃労働還元主義の出発点であった。

この方法は、そのあと敗戦後にわたって彼とその後継者たちによって継承・展開され、東大をはじめ多くの大学が講座名や科目名を「社会政策論」から「労働経済論」に変更する有力な一契機となる（注１）。

（注１）拙著『国家独占資本主義と社会政策』（未来社、１９７４年）59ページ参照。

3 「貧民済生」勅諭と恩賜財団済生会の設立

(i)「貧民済生」勅諭と恩賜財団済生会の設立

1911(明治44)年の3月11日の「工場法」公布の丁度1ヵ月前の2月11日に、「貧民済生に関する勅諭」が発布され、恩賜金150万円に民間の応募寄付を加えて同年5月に「恩賜財団済生会」が設立され、その後全国各地に済生会病院を展開させることになる。

それは、古代王政の施薬施療事業にあやかり受療できない貧民への慈恵的な救療によって天皇制国家への懐柔的包摂を図る仕掛けであったのであるが、明治期のこの場合には、天皇制に逆らう社会主義者には「大逆事件」を捏造《ねつぞう》して一斉処刑を加えることまでし、その一方で従順な臣民的貧民には恩賜の慈恵を施すふりをする、絶対主義天皇制国家の政策典型を示すものであった。

そしてこの政策基調が、敗戦前の日本社会政策史を貫通する。この「貧民済生」政策は、風早八十二著『日本社会政策史』(第一版1937年12月、第二版47年8月)が、敗戦前の絶対主義的天皇制国家日本の社会政策の特性として強調した「国民の自主性」否認の「慈恵性」を代表するものであった。

（ⅱ）戦前日本の経済学における「受救貧困」論と公的扶助論の欠如

明治から大正にかけ日本の経済学会を代表した社会政策学会は、桑田熊蔵が代弁したように、公的な救貧に反対した。一方、社会政策主義に反対した河上肇の『資本論入門』をはじめ、すべての敗戦前のマルクス経済学も、要保護貧民と「受救貧民」の問題（＝Pauperism）を無視した。このことも、「救貧」と「防貧」を非力な「自助」と「相互扶助」に転嫁して人民を窮乏させ、慈善、とりわけ天皇家からの「恩賜」を有り難がらせる敗戦前の日本天皇制国家に特徴的な社会政策に対応し、それを反映するものであった。

資本主義的蓄積は、「資本主義的蓄積の絶対的・一般的法則」により「相対的過剰人口」とともに「受救貧民」をも拡大再生産し（注1）、それを資本蓄積の結果および条件とすることで、社会問題と労働・社会運動の発生と展開を必至にする。

これらの関係の強調的な再確認は、服部文男著『マルクス探索』（新日本出版社、１９９９年、１４０㌻以下）の「『資本論』の生命力」などにおいて行われているが、そこでも繰り返し次の拙稿が紹介され肯定的に評価されている（注2）。その拙稿は、著者が「『受救貧民』と国家」（注3）と題し、このテーマを論究したものである。

敗戦前の日本では、公的な保護の必要な貧困と貧民の医療欠乏が蔓延していたのであるから、社会と国家も経済学界も、公的救貧の「受救貧民」問題に強い関心を持って取り組むべきであったのに、おそらく社会的な蔑視と無視を反映して、それを取り上げなかった。河上肇でさえそうであった。

河上肇が『貧乏物語』を「大阪朝日新聞」に連載し、それをまとめて1917（大正6）年3月に『貧乏物語』を公刊したときの大反響と、その後への甚大な社会的影響を顧みただけでも、「貧乏」が戦前日本の中心問題であったことは疑いない。その『貧乏物語』が肝心の「受救貧民」問題を取り上げず、戦前日本のマルクス経済学もその他の経済学もそれをドロップさせる発端をなしたという、服部文男・前掲書の指摘（注4）は、まことに貴重なのである。

こうして敗戦前の日本の経済学会、とくに明治・大正時代には経済学会を代表した社会政策学会は、「受救貧民」と公的救貧扶助政策を取り上げず、マルクス経済学でさえ資本主義的蓄積による「受救貧民」問題を論究しなかったのであるから、ことは重大である。

このことが日本の社会政策論と経済学の大きな禍根となり、敗戦後でさえ、その初期に最大の経済学会論争となった「社会政策論争」中の「本質論争」において論争の主役格を演じ、最終的には、「資本主義的蓄積の一般法則」による労働者階級の「窮乏化」が階級闘争とそれへの「経済的譲歩」として社会政策を成立・展開させると主張した岸本英太郎も、「受救貧民」問題に触れなかった。しかも彼は、「社会政策は賃労働を対象とする政策であるのに、社会保障は非労働者を含む国民を対象とする」政策であるから、「社会保障は社会政策ではない」、とさえ主張して、社会政策論の課題から排除したのである（注5）。

かかる経済学と政策理論の禍根と欠陥が、公的救貧扶助を一方の基本源泉とする社会保障を現代社会政策の一方の中心問題として積極的に研究し、実践に資することを妨げたのである。

（注１）『資本論』第1巻第23章、新日本新書版④、１１０５～１１０８ページ。
（注２）服部文男著『マルクス探索』（新日本出版社、１９９９年）１２７ページと１４８～１４９ページ。
（注３）雑誌『科学と思想』（新日本出版社）68号、１９８８年に掲載。拙著『社会保障の基本問題』未来社、１９９１年、第2章に再録。
（注４）服部文男前掲書、１４６ページ参照。
（注５）岸本英太郎著『社会政策』（ミネルヴァ書房、１９６６年）44ページ。

4　社会政策主義と社会主義の対立

戦前の社会政策学会は、敗戦後の社会政策学会とは別もので、異分子として社会主義者の片山潜らをも会員に含んでいたが、学会趣意書に、社会主義と自由放任主義に反対し改良によって資本主義の政治経済体制の擁護を図るための研究団体であることを謳った。この矛盾の激化が学会を衰滅させることになる。

１８９９（明治32）年公表のその「趣意書」は、我が国の実業の進歩、国富の増進は悦《よろこ》ばしいが、その一方でそれは「貧富の懸隔」をも生じさせ、すでに労資の協調が破れ衝突の萌芽が現れているので、欧州に学んで「救済の策を」講ずべく「余輩相集って本会を組織し此の問題を研究せんと欲す」と述べたあと、ドイツ社会政策学会と同趣旨の自由放任と社会主義に反対する「社会政策主義」を唱えたのであった。

本稿は、社会政策論史を「社会政策主義」批判をかなめとして再考するものなので、「社会政策学会趣意書」の後半、「社会政策主義」を唱えた部分をあえて引用し、確認しよう。

「余輩は放任主義に反対す。何となれば極端なる利己心の発動と制限なき自由競争とは貧富の懸隔を甚しくすればなり。余輩は又社会主義に反対す。何となれば現在の経済組織を破壊し、資本家の絶滅を図るは、国運の進歩に害あればなり。余輩の主義とする所は、現在の私有的経済組織を維持し、其範囲内に於て箇人の活動と国家の権力とに由って階級の軋轢《あつれき》を防ぎ、社会の調和を期するにあり。此主義に本き内外の事例に徴し、学理に照らし、社会問題を講究するは実に是本会の目的なり。此に趣意書を草して江湖の諸君子に告ぐ」（注1）。

19世紀末、帝国主義段階への移行期以降に唱えられた「社会政策主義」は、とくに社会主義に反対し、革命の防止に加担することを主眼とした改良主義であった。そのことは、1901（明治34）年5月18日に「社会主義を日本に応用する」と称して「社会民主党」が結成されるや、ただちに治警法が適用され結社禁止とされたとき、社会政策学会は社会主義と混同されることを恐れて狼《ろう》狽《ばい》し、金井延《のぶる》、桑田熊蔵、和田垣謙三の連名で学会趣意書を敷衍《ふえん》する「弁明書」を『東京経済雑誌』第1089号に公表した事例によっても例証される。

この「弁明書」は、学会の趣意書の主文を引用した上で社会主義を排撃し、「社会政策学会」は社会主義とはまったく別で、社会主義を排撃する学会であると弁解するものであった（注2）。

しかし、社会政策の研究は、社会問題とそれに対する社会運動と国家政策に関する研究であるから、それらの熱心な研究と実践を行う社会主義者を排斥しては、社会科学の学会は成り立たないのである。

事実、戦前の社会政策学会は、１９１１年の「大逆事件」による「社会主義の冬」にも支えられてしばし持続した。そののち、１９１７年11月のロシア革命と翌年夏の「米騒動」に刺激されて労働者農民運動等の社会運動が高まり、社会主義運動も復活し発展すると、社会政策主義者たちは勢いを増した社会主義者たちを学会から排除しようとし、内部対立を深めて衰え、関東大震災の翌年の１９２４（大正13）年に衰滅したといわれる（注３）。

（注１）「社会政策学会趣意書」（初出『国家学会雑誌』第13巻第１５０号・社会政策史料集２００８年１月５日から転載）なお、前掲の河合栄治郎の書によれば、１８９９（明治32）年の「５月頃から社会政策学会の主義綱領が問題となっていたらしいが」、同時並行に金井らが片山の社会主義を批判・排撃し、片山を退会させる動きも起き、７月９日の「活版工同志懇話会」の演説会で桑田熊蔵、片山潜、金井延の間で論戦があり対立が公然・明白となって、これが反社会主義の趣意書の公表を促したというのである。

（注２）住谷悦治著『日本経済学史』増訂版（ミネルヴァ書房、１９６７年）１７１～１７２ページ。

（注３）同前書、１８１ページ参照。

第3章　「大正デモクラシー」と「関東大震災」復興の社会政策論

1　大正デモクラシーの成立

(ⅰ)「戦争と革命」と民主化

1912年7月末から14年5ヵ月間の「大正時代」には、帝国主義列強間の対立激化を主因として第一次世界大戦(1914～18年)が起き、その「総力戦」による未曽有の戦禍が危機を喚起し、革命と反動を誘発した。革命に対する反革命戦争もあって、社会主義革命は、ロシア一国に押さえ込まれた。しかし、その他の国々でも、大戦直後に社会運動の激化と革命の危機が生じた。イタリアでも、経済的危機とともに労働者による工場管理を伴う労働運動の激発のもとで共産党が結成されたが、反動として1922年9月末にファッショ体制が成立した。他方で多くの国々では、まずは労働者階級への譲歩を中心に民主化と社会政策的な改良が喚起された。

とくに、ヨーロッパ資本主義の中心地にして、社会民主主義と労働運動の先進国ドイツでは、「1918年11月革命」が起き、帝政を覆した。しかし、民主革命から社会主義革命への発展は、社会民主党右派政権と軍部が結託してローザ・ルクセンブルクやカール・リープクネヒトらを虐殺し、左派スパルタクス団を抑え込むことによって阻止された。それと引き換えに、独占資本中心の支配階級は、労働者階級に大きく譲歩することによって分断と懐柔を進める政策を採った。

その結果としてまず、８時間労働日制や団体交渉による一般的拘束力宣言をもつ労働協約の締結権などを協定した「11月労資協定」が成立した。そのうえで、この「協定」内容をも取り込んだ「ワイマール憲法」（「１９１９年８月11日のドイツ国憲法」）も成立した。この「憲法」は、民主革命を反映して民主的なものとなり、第１５１条の第１項で、「経済生活の秩序は、すべての者に人間たるに値する生活を保障する目的をもつ正義の原則に適合しなければならない。この限界内で、個人の経済的自由は、確保されなければならない」（注１）と、全経済活動における「人間たるに値する生活」の保障、生存権保障の優先を謳った。福井地裁の大飯原発再稼働差止判決における「人格権」の優先論にも通ずる原理である。

一方、国際的には、１９１９年６月に調印されたヴェルサイユ講和条約の第１編により、「世界平和の確保と国際協力の促進を目的とする諸国家の国際組織」として「国際連盟」が創立され、その一機構として「国際労働機関」（ＩＬＯ）も設置された。それは、条約と勧告を手段とする国際労働基準等に関する国際社会政策によって国際的に労働基準を設定し、労働者状態の底上げを図ることで、公正な国際競争と国際協調を促すとともに、各国での労資協調を促して革命の防止をも図るものであった。つまり国際的な「社会政策主義」の展開である。

ＩＬＯの国際的な労働基準の設定による公正競争確保の目的には、国際的に批判されていた戦前日本のそれのような低劣労働諸条件を梃子《てこ》とするソーシャル・ダンピングの排除も含まれていた。ところがその日本は、ＩＬＯの創立以来、常任理事国の地位を得ながら、労働時間の最高限度の基準に関する第１号条約を批准できなかった。この未批准状態が、21世紀の今なお続いている。

明治維新以後の日本では、労働者は資本家に、小作農民は地主に支配・搾取され、そのうえ1889（明治22）年発布の「大日本帝国憲法」が謳う絶対主義的な天皇制国家に支配・収奪されて民衆は窮乏し、しかも参政権もない無権利状態に置かれた。この「半隷奴的」（95ジペー注2の山田盛太郎著の用語）状態からの解放を求める人民の要求は強かった。明治時代の自由民権運動も、「大正デモクラシー」運動も、それを反映するものであった。まして共産主義運動をはじめとする社会主義運動は、その先鋭な表現であった。それだけに人民の「半隷奴的」状態を最大の利益とした天皇制国家と資本家および地主階級による人民の解放運動への弾圧は、ひときわ野蛮なものとなった。

人民の政治的解放運動は、まず明治時代に立憲主義的な民権の伸長によって天皇大権の藩屏《はんぺい》たる薩長藩閥の軍民官僚の独裁を克服しようとする「自由民権運動」として発現した。それが挫折したあとの大正時代には、人民の「普通選挙権」と人格尊重的な「生存権」の実現を求める民衆運動の高揚となり、それが挫折したあとの大正時代には、「大正デモクラシー」を形成したのである。

しかし、国際的にはまだ革命的危機の余燼《よじん》が覚めやらない1923（大正12）年の9月1日に起きた「関東大震災」の大惨事を契機にして、1925（大正14）年の帝国議会で成人男子限定の「普通選挙法」とともに「治安維持法」が制定・施行され、このファッショ法の暴圧によって「大正デモクラシー」も抹殺され、「昭和ファシズム」（相澤）に取って代えられる。

「関東大震災」はまた、「大正デモクラシー」を代弁したとされる吉野作造の「民本主義」と福田徳三の「生存権の社会政策」論を試すことにもなる。

（注1）高木八尺ほか編『人権宣言集』岩波文庫の212ジペーの訳文による。

（ⅱ）「大正デモクラシー」の一定義とその難点

松尾尊兊《たかよし》は、「大正デモクラシーとは、日露戦争の終わった１９０５年から、護憲三派内閣による諸改革の行なわれた１９２５年まで、ほぼ20年間にわたり、日本の政治をはじめ、ひろく社会・文化の各方面に顕著にあらわれた民主主義的傾向をいうのであるが、これを生み出したものは、基本的にいって広汎な民衆の政治的、市民的自由の獲得と擁護のための諸運動であった」（注１）、と定義している。

この定義は、広範な民衆参加の社会運動の産物として「大正デモクラシー」を捉えている点では有意義であるが、大きな欠落もある。

まず、松尾が記した「広汎な民衆運動」の中に、「生存権」の実現を志向した民衆運動が特記されていない点が、大きな欠落である。

「大正デモクラシー」は、露欧の革命や民主化からも強い影響を受けたが、国内ではとくに１９１８（大正７）年の「米騒動」と、大戦末期から大戦後にわたる労働者・農民らの人たるに値する生存を懸けた労働および小作争議の激増によって促進されたのである。つまり、民衆の「生存権」の実現を追求する闘いが、「大正デモクラシー」を形成した民衆運動の核心にあったのであり、そしてこの「生存権」問題こそ、「普選権」問題とともに、「大正デモクラシー」とその社会政策論の中心問題であったのである。

もう一点、大問題なのは、「治安維持法」の制定である。１９２３（大正12）年9月1日発生の「関東大震災」の翌年5月の総選挙で大勝し、6月に成立した「護憲三派内閣」は、支配階級の連合政権として、１９２５年5月に成人男子に普通選挙権を認める「衆議院議員選挙法改正法」を成立させたが、この「普選」化のもとでの政治活動を取り締まる治安立法の制定を先行させた。それが、4月に公布され5月から施行された「治安維持法」である。

この「治安維持法」は、その後の度重なる改悪と拡張適用によって「昭和ファシズム」（注2）の最大の凶器となる。１９２８年には、天皇の緊急勅令によって、最高刑を「死刑」に引き上げ、さまざまな口実で国民を弾圧する「目的遂行罪」をもうけて、弾圧の対象を大きく広げた。さらに１９４１年の改悪では、刑期が終わった政治犯を獄につなぐ「予防拘禁」制度をつくり、弾圧体制をさらに強化した。

「治安維持法」は、「国体の変革を目的」とした結社（政党）を「組織したる者」「結社の役員其の他指導者たる任務に従事したるもの」に死刑、または無期刑を加えた（28年に改悪された「治安維持法」の第一条）。それは、共産主義運動の結社禁止、つまり「日本共産党」の殲滅《せんめつ》を主目的とし、併せてその温床や便宜になるおそれありとして際限なく国民の自由を抑圧する法的手段とされ、15年「戦争国家（War State）」の基本装置にもなった。この希代の悪法である「治安維持法」の公布・施行をも含めて「護憲三派内閣による諸改革」と一括するのは、問題であろう。

ちなみに「治安維持法」は、「国体」の変革に触れない資本主義批判の主張や運動を、十年以下の懲役とした。風早八十二は、『治安維持法五十年』（合同出版、１９７６年）のなかで、この意味について次のように書いている。長文であるが、引用しよう。

「治安維持法の『法益』はなにかといえば、まず第一は、国体です。第二が私有財産制度、この二つを柱に置きまして『国体の変革』を目的とする結社行為にたいしてはいまのような極刑です。『私有財産制度の否認』を目的とした結社、この場合には一〇年以下の懲役です。そのように区別されています。とにかく国体という『法益』が一番大事なんです。

では、『国体』とはなにか。戦前、司法刑事局の公式見解によれば、要するに、『大日本帝国は万世一系の天皇、これを統治す』（明治憲法の第一条）、『天皇は神聖にしておかすべからず』（同第三条）、これが『国体』であるというのです。要するに、世襲君主制といったものなんです。そういうものをやめて主権在民にする。このことが『国体変革』ということになってしまうわけです。その主権在民を目的として結社をつくったというだけで、またその結社の役員であるというだけで、そういう地位そのものが極刑に処せられるということになるのです。

もう一つ、重要な指摘として、『目的遂行のためにする行為』という『犯罪類型』をあげておかねばなりません。『国体の変革目的の結社行為、もしくはその結社の役員であること』は、治安維持法第一条第一項の前段です。同じ一項のなかに前段と後段がありまして、後段には、結社に加入した者、つまり平《ひら》の党員ですね。党員であるという地位そのもの、これが一〇年以下の懲役になるわけです。それともう一つ、『結社の目的遂行のためにする行為をなしたる者』も同格で、やはり一〇年以下の懲役刑です。

この『結社の目的遂行のためにする行為をなしたる者』という『犯罪類型』は、おそるべきものなのです。治安維持法の犠牲者、捕まったというのは何十万ときかないんですが、そのうちで送検された人たちにかぎってみても、七万五千数百名ということになっております。それの九割までは、この『目的遂行のためにする行為』という『犯罪類型』を適用されて有罪になっています。たとえば、共産党もしくは一党員に一晩の宿を貸した、一椀の飯を食わしたと、これはもちろんやられます。『資本論』を一冊もっていたと、これも駄目です。そういうことで、資本主義研究というものがみんなこれにかけられているんです。大阪商大事件でも横浜事件でもみんなそうです。そのように、融通無碍《むげ》、なんでもこれに引っかけることができるのです。治安維持法のなかには結社加入の宣伝・扇動罪などの規定もありますが、適用されたためしはなく、これぐらい便利なものはないから、みんなこの『目的遂行行為』の適用でまかなわれ、投獄し、かつ有罪判決が下るわけです。そういうべらぼうな『犯罪類型』があったということを銘記しておいてください」（同書、94～96ページ）

もう一つ、ここで熟考すべき大きな課題がある。「大正デモクラシー」は、民衆運動の高まりを内包した「民主化」を指向したのであるが、それ自体のうちに「デモクラシー」をくつがえす諸契機をも併有し、それらを介してあっという間に「昭和ファシズム」に取って代わられることになったのではないか、という問題である。

いま我われが当面する大問題は、財界癒着の安倍自公独裁政権が、有権者の一部しか票をえていないのに、小選挙区制によって議席の相対多数派となり、２０１４年7月1日に、世界中に展開する米軍に追随し戦争行為を可能にする憲法違反の「集団的自衛権」の行使を容認する閣議決定をしたことである。この政権は、2015（平成27）年の9月19日に「安保法制」11法案を強行可決し、憲法の平和主義と国民の平和的生存権を蹂躙し、立憲主義と民主主義を壊す違憲のクーデター行為を強行した。

そこで、創価学会と一体的な公明党のように大衆組織を擁する内なる契機も加わっての、「日本国憲法」の壊憲攻勢を理解することが、当面の「大正デモクラシー」理解のためにも、必須である。

この問題を考察するに際しては、「ワイマール憲法」の悲劇に真摯に学ばなければならない。「ワイマール憲法」は、1918年の民主革命を反映して人権擁護と社会進歩を標榜したのに、現実には反共・労資協調主義的な「ドイツ社会民主党」と「ドイツ労働総同盟」を主要な社会的支柱とした。この社会民主主義の政党と労働組合の独占資本勢力に妥協・協調的な活動が、ワイマール憲法体制の掘り崩しからナチス独裁政権による転覆とそれら自身の強制解散に導く方向に働く内なる契機となったことである。

なお、この過程の社会政策論に関しては、服部英太郎の研究がもっとも優れた先行研究（注3）である。

とにかく、日本を軍国主義的ファシズムに転落させた主要手段は、「治安維持法」であった。「大正デモクラシー」は、自己否定的な「治安維持法」の成立を促す内なる契機としての「社会政策主義」的な「原（政党）内閣」や「民本主義」をも介して、否定され崩壊することになる。

「米騒動」を契機に成立した原（政党）内閣は、「治安維持法」制定への道を開いた。さらにまた

「社会政策主義」的な「民本主義」の吉野作造らが「大逆事件」をやむを得ないものとして容認し、したがってまた「治安維持法」もやむを得ないものと容認することになる関係に、このことを探りたい。

なお、なぜ「民本主義」を「社会政策主義」とみなすかというと、「民本主義」は、総じて進歩的な改良とともに、社会主義反対、この場合には共産主義への反対を標榜していたからである。

その一論拠は、信夫清三郎の次の叙述（注4）に見出される。彼は、1919（大正8）年の1月22日に憲政会の斎藤隆夫が帝国議会の議場において行った演説を引用したうえで、こう書いている。

「民本主義は……国民と日本を『危険思想』（＝共産主義思想（括弧内は筆者の言い換え））からまもるために必要であった。言葉をかえていえば、民衆運動が危険思想（＝共産主義）と結合するのをふせぐために必要であった。そうであるから、民本主義の具体的な綱領は、一方では旧制度の改革を要求し、他方では社会主義（＝共産主義）への（抑圧的な）対策を要求した」

（注1）『大正デモクラシー』（岩波現代文庫、2001年）の「はしがき」の冒頭節。

（注2）奥平康弘著『治安維持法小史』（岩波現代文庫、2006年）と中澤俊輔著『治安維持法』（中公新書、2012年）参照。

（注3）『服部英太郎著作集』（全7巻、未来社刊）の、とりわけ第I巻『ドイツ社会政策論史（上）』と第V巻『国家独占資本主義社会政策論』を参照のこと。

（注4）信夫清三郎著『大正デモクラシー史II』（日本評論新社、1958年）508ページ。

２　「大正デモクラシー」形成の背景――社会問題と社会運動

（ⅰ）第一次世界大戦への参戦による民衆の貧困化と蜂起

後発帝国主義国の日本は、ヨーロッパを主戦場とした第一次世界大戦という帝国主義的な再分割戦争に、獲物の分け前を求め「日英同盟」を口実に参戦した。そしてアジアでのドイツの既得権益を分捕り、産業と労働の重化学工業化を伴った独占資本主義の強化を進め、財閥その他の大資本家に軍需的な輸出増と買占めや投機などで巨利を得させ、「戦争成金」を族生させ、そのために民衆を犠牲にした。局部的な労働力不足で一部の熟練労働者は一時的に高賃金を得たが、多くの労働者は、労働時間の極端な延長等によって労働苦を増した。彼らは、その他の民衆とともに、とくに消費者物価の暴騰（１９１４年を１００として、１９１６年１４４、１９１８年２３０）による実質賃金の暴落（１９１４年を１００とし１９１８年に68に暴落）に代表される生活苦の増大を強いられた。「生活苦の結果は、棄子《すてご》の増加となり、自殺の増加となった」（注１）。

参戦による貧富の格差拡大と労働者その他の民衆の労働苦と生活苦の増大によって、民衆蜂起のマグマは一触即発の沸点に達していた。

民衆は、すでに日露戦争に際しても、類似の経験をしていた。日露戦争においても、物価騰貴による生活苦が激増し、軍需成金との対比で19万人の戦争犠牲者（膨大な徴兵と戦死者とそれらの遺家族）の悲惨の不当なことが痛感させられた。そして１９０５（明治38）年の9月に開示された日露講和条約による戦利が、10年前の日清戦争講和時の莫大な戦利に比しあまりに少ないことへの民衆の反発を喚起し、その反発が民衆の強い不満に点火した。一部の民衆は、「講和反対」という排外主義に誤導されつつ日比谷の焼討ちなどで全都を震撼《しんかん》させる暴動を起こし、軍隊が鎮圧に出動した（注2）。日露戦争後のこの暴動と労働・社会運動の高揚が「工場法」の成立をも確定したのであったが、それが「大正デモクラシー」の始まりでもあるとされている。

もちろん、第一次世界大戦後には、ロシア革命等の影響も大きかった。ロシアでの１９１７年の「二月革命」から「十月革命」（双方とも旧暦）に及ぶ革命の進展と「ソ連」の成立は、「世界をゆるがした」（注３）衝撃と感銘を与え、日本にも強く影響した。きびしい弾圧で逼塞《ひっそく》させられていた日本の社会主義者たちは、この革命の報に感奮し、以後、ロシア革命を支援しつつこれに学ぼうとした（注4）。この流れが「日本共産党」の結成に導くことになる。

（注１）信夫清三郎著『大正デモクラシー史Ⅱ』（日本評論社、１９５８年）４５９ページ。
（注２）信夫清三郎著『大正デモクラシー史Ⅰ』「第1章　一九〇五年」参照。
（注３）ジョン・リード著『世界をゆるがした十日間』（岩波文庫、１９８９年）参照。
（注４）荒畑寒村著『寒村自伝』〔上巻〕（岩波文庫、１９７５年）３８１ページ以下参照。

（ii）日本での全国的な民衆蜂起＝「米騒動」

世界史最初の帝国主義的な総力戦としての第一次世界大戦の惨禍が喚起した露欧における革命の衝撃の波及と、大戦の犠牲にされた兵士と労働者その他の民衆の覚醒と決起という世界史的な大きな流れのなかで、日本での代表的な民衆蜂起は「米騒動」となった。

1918（大正7）年の夏までに、米の戦時需要の増大に加え、反革命干渉戦争の「シベリア出兵」を見越して商人や商社らが米の買占めと投機に走ったため、米価が暴騰し、労働者家族などの民衆は、戦争成金の栄華と反対に、米も買えない貧苦に陥った。この対比がいっそう民衆を憤激させたのである。

1912年にも米騒動があった富山県下で、夫を出漁や出稼ぎに出していた魚津町漁民の妻たちが、1918年7月23日に米の県外移出阻止行動を起こした。これを発端とする「米騒動」が、8月から9月にかけ全国（1道3府37県）に燃え広がった。

鈴木文治の『労働運動二十年』には、「神戸の暴動は最も激しいものの一つであった。八月十二日、四、五万人の群衆は湊川公園に集り、社会主義者藤田浪人氏等の指揮の下に、鈴木商店並に神戸新聞社の焼打を行った。警官の出動一千名に及んで何の効果も挙げえず、止むなく軍隊の出動を見るに至ったが、十三日未明に至るも尚鎮定を見ず、翌日も亦四、五万の暴民が湯浅商店を襲撃した」（注1）、とある。

「戒厳令は到る処に布かれ、殆んど内乱状態を現出するに至った」。「又この暴動の末期に至り九州炭田（北九州と山口）の暴動を惹起した」。炭鉱夫たちに軍隊が発砲し、死者も出た。

「米騒動」は、日本史上かつてない民衆蜂起となり、天下を震撼させた。「米騒動」は、中央の社会主義者らが指導できなかったため自然発生的な暴動に終始したといわれる（注2）が、それでも魚津の女性たちの決起を発端としたこの民衆の全国的蜂起の衝撃は、支配階級を震撼させた。

米騒動は、反対に民衆を力づけた。鈴木文治は、「米騒動は民衆に『力』の福音を伝えた。労働階級に自信を与えた。多数団結して事に当たれば、天下何事か成らざらむと、即ち米騒動は無産階級の自卑心を一掃した、自屈心を払拭した」と書いた（注3）。

（注1）鈴木文治著『労働運動二十年』、165ページ
（注2）信夫清三郎著、前掲書Ⅱ、486ページ。
（注3）鈴木文治著、前掲書、163ページ。

（ⅲ）労働および小作争議の増大と激化

米騒動は、民衆に自らの力を覚醒させ、生存権と労働基本権の実現を求める権利要求運動をも促した。

米騒動の前から米価を含む消費者物価の上昇による実質賃金の低下、生活苦の増大に対応して賃上げ争議が多発し、概して労働者側が奏功した。1917（大正6）年6月の三菱長崎造船所職工1万人の賃上げ要求ストでも労働者側が勝利し、第一次世界大戦後にも1920（大正9）年2月

5日には、官営八幡製鉄所で2万3000人の労働者が賃金等の改善を要求してストライキを決行し、溶鉱炉の火を落とした。

地主階級も戦時の米価騰貴でぼろ儲けをした。とくに「不在地主」(注1)は、農村の小作農民の貧苦の生活から乖離《かいり》して搾取欲を強めた。小作貧農は、零細農耕と高率の小作料で飯米に事欠く極貧を強いられ、娘たちを戦前最多の賃金労働者であった出稼ぎ女工に出し、年貢の納入と貧苦の生計を娘らの口減らしと家計補助的な低賃金からの仕送りでしのいだのである(注2)。

それでも各地の小作貧農民は、大戦時には「米騒動」に励まされて小作料の減免闘争で成果を上げた。彼らは、戦後には、1922(大正11)年創立の「日本農民組合」などに団結して地主の小作料引上げと小作地取上げの攻撃と闘う小作争議を急増させていた。これに対し政府は、地主階級を擁護するために弾圧するとともに、1924(大正13)年に「小作調停法」を、1926(大正15)年に「自作農創設維持補助規則」を公布し、懐柔による分断・支配を図る政策も採った(注3)。

戦時以来の経済ブームは、1920年の3月と4月の株価暴落を機に崩落して恐慌となり、恐慌のため争議数は一時減退したほか、資本家および地主側が優勢となり、攻守が逆転した。逼迫した労働者と農民たちは、守勢でも必死に闘って争議を盛り返した。1921年以降、労働及び小作争議がふたたび増大した。しかも、労働争議では、生存権実現要求と団結権等の承認要求が高まった。第一次世界大戦以降、日本でも重工業の労働者を中心に労働者階級が増大するとともに、組織的闘争能力と権利意識が高まったからである。労働者階級と労働運動が成長したのである。

なかでも、重化学工業化によって相対的にも絶対的にも増大しつつ状態を悪化させられた重工業と鉱山の労働者たちは、賃金その他の労働諸条件の改善要求に加え、団結及び団体交渉権の承認を要求し、ストライキを闘うようになった。

たとえば、賃下げと首切りが続いていた足尾銅山で、全日本鉱夫総連合会足尾連合会が１９２１年4月2日に団結権と団体交渉権の承認を要求してストライキに突入し、警察の調停で組合の存在を容認させて妥結した。また、同月28日には、団体交渉権を要求する大阪電灯争議が起きた。

なかでも突出し戦前最大の労働争議となったのは、神戸の川崎、三菱両造船所の争議である。３年前に激しい米騒動の大衆暴動を経験した神戸において、１９２１年7月2日に川崎造船所で組合加入自由等の要求で始まった争議が5日に三菱造船所に波及し、8日に合流して川崎三菱労働争議団が結成され、３万余の労働者が参加する大争議となった。争議団は、当初統一要求を情勢にあわせて抑制し、組合加入の自由と労働者代表参加の工場委員会の設置にとどめた。しかし、この要求すら拒否されると、当時「総同盟友愛会」の理事となっていた賀川豊彦を担いで7月初めにストライキに入り、７月12日に工場管理宣言を発し、家族ぐるみ、地域ぐるみの大闘争を展開した。ストライキは45日間も果敢に闘われたが、警察と軍隊の実力行使で３００余名の死傷者を出すなどして切り崩され、８月12日に「惨敗宣言」を発して矛を収めた（注4）。

労働者側は「惨敗」したのであるが、この大争議の衝撃と影響は、これまた大きかった。「米騒動」に代表される画期的な民衆闘争の激化と、神戸の川崎、三菱両造船所の大闘争に代表される重工業労働者の労働運動を先頭に立てた労働者階級の成長は、資本家階級と国家に政体と政策の修正を強いることになった。

（注1）小林多喜二の「不在地主」『小林多喜二全集』第二巻（新日本出版社、1992年）などを参照。
（注2）たまたま今手元に、40年近く前のある研究会で私が報告をしたおり、その場で初めてお目にかかった山田盛太郎先生が筆者の報告の労をねぎらい、「謹呈　相沢与一様　山田盛太郎」と自署されて下さった岩波文庫版初刷（1977年）の『日本資本主義分析』がある。そこに、「日本資本主義存立の地盤を規定しているところの法則」「として日本における比類なき高さの半隷農的小作料とインド以下的な低い半隷奴的労働賃銀の相互規定、を指摘しうる」。「これを要言にすれば、賃銀の補充によって高き小作料が可能とせられまた逆に補充の意味で賃銀が低められるような関係の成立」がある、とされた。同書89ページのこの有名なテーゼを元に翻案した。
（注3）中村政則著『労働者と農民』（小学館、1998年）中の「大正期の農民運動」のほか、河相一成「自作農創設維持政策」の第二節〔菅野俊作・安孫子麟編『国家独占資本主義下の日本農業』（農村文化協会、1978年）〕参照。
（注4）大前朔郎・池田信著『日本労働運動史論』（日本評論社、1966年）、第2部参照。

（ⅳ）軍閥内閣から政党内閣（原政友会内閣）への転換

まず、「米騒動」は、支配階級を震撼させ、政党内閣としての原内閣の成立に導いた。「米騒動」に当面した政府は、「韓国併合」などを強行した寺内正毅首相の長州軍閥内閣であった。この内閣は、米騒動を「騒擾事件」とみなし、戒厳令を布いて軍隊を大挙出動させ、炭鉱地帯では労働者たちに向けて発砲し死者まで出して鎮圧した。最大の保守政党である政友会は、政権掌握のため裏で倒閣に動き、9月12日の寺内内閣弾劾全国記者大会などもあって内閣弾劾の声が高まり、この軍閥内閣は「米騒動」の終焉直後に総辞職する。

後継の組閣を要請された西園寺公望は、固辞した。長州閥の軍閥元老である「山県有朋は、もはや官僚・軍閥の内閣では事態を収拾できないことを感得した。事態を収拾する道は、政友会の原敬に政権を託すことであると自覚した。そこで後継首相に原敬をすいせんした」(注1)。とにかく、こうした政略的な政権のたらい回しによってではあるが、薩長軍閥内閣に代わって政友会の原敬を首相とする「政党内閣」が成立した。これをもって「大正デモクラシー」を代表させる説も有力であるが、問題もある。

原内閣は、初の政党内閣として成立したものではない(1898(明治31)年に短命な「憲政党」の大隈・板垣内閣が成立している)のはともかくとして、「米騒動」が革命的危機に転化しないように政権を託されたようなものであった。

それに、そもそも「政友会」は、1900(明治33)年、労働組合運動と社会主義運動が台頭し、普通選挙要求運動が高まり、足尾鉱毒の被害を受けた住民1万2000名が警官隊と衝突し多数が拘引されたこの年に、やはり巨魁《きょかい》の伊藤博文が巨額の資金で大阪毎日新聞社長であった原敬を口説き落とし、旧自由党員の残党を買収して立ち上げた「御用政党」であり(注2)、当時最大の選挙地盤だった地主階級をも強く代表し、もっとも保守的な政党であった。その政友会は、財閥とも癒着《ゆちゃく》しながら、1916(大正5)年に三菱財閥の首領、岩崎弥太郎の女婿・加藤高明を党首として結党された「憲政会」と保守政界を二分して張り合った。

いずれも「デモクラシー」政党ではなく、革命の防壁となるべき政党であった。

首相とされた原敬は、１９０５（明治38）年４月に鉱毒問題で住民と敵対していた古河鉱業の副社長となり、西園寺公望内閣の内相となるや同社の顧問になり、１９０７（明治40）年１月26日、同内閣が鉱毒被災の谷中村村民の退去を強いる「土地収用法」を適用したとき所管の内相としてこれを執行した。原は、田中正造率いる住民の抵抗運動を弾圧し、古河の番頭と揶揄《やゆ》された人物であった。

彼は、「将来、民衆の勃興は実に恐るべし」（注３）として社会主義、共産主義の取り締まりに熱心で、１９１９（大正８）年４月に「政令７号」（政治ニ関スル犯罪処罰ノ件）を布告した。その政令は、その第１条に、「政治ノ変革ヲ目的トシテ多数共同シ、安寧秩序ヲ妨害シ、又ハ妨害セントシタル者ハ、十年以下ノ懲役又ハ禁錮ニ処ス」と定め、政治の変革を目指す者を厳刑に処す「治安維持法」への道を開くものであった。原は、まさに財閥の走狗《そうく》、革命への防壁として働いたのである。

それでも、露欧の革命と国内での「米騒動」と労働・社会運動の高揚は、各種の運動を刺激して発展させ、労働者・農民ら民衆の結合・結社を促進し、そして結社が各界の意識の成長を促進した。まず筆頭に「友愛会」を例に、労働者の団結の発展を挙げたい。

すでに１９１２（大正元）年の８月１日に鈴木文治を会長とし、「共済と相互扶助」、「修養向上努力」、「地位の維持改善」の三ヵ条を綱領とした協調主義的な「友愛会」が誕生していた。労働者を全国的に組織する企図は、時代の要請にかなうものであったから、友愛会の会員数は、当初から増大に向かったが、「米騒動」とそれに連動した労働者たちの攻勢的な争議の続発が飛躍への転機となった。

鈴木文治著『労働運動二十年』（復刻・限定版）によれば、新設組合数は、大正元年（1912年）から7年までは5、6、6、4、13、14、11と推移したが、「米騒動」の翌年からは71、66、71へと飛躍した。鈴木は、大正8～13年を「飛躍時代」と命名した（170ﾍﾟｰｼﾞ以下）。彼は「全国到る所に組合簇生《そうせい》して」（175ﾍﾟｰｼﾞ）と述べ、主なものを列挙しているが、やはり飛躍への転機は「米騒動」であった。

そして団結内容の代表的な変化も友愛会に現れた。米騒動の翌年、すでに会員数が3万に達した友愛会は、1919（大正8）年8月の創立7周年大会において、「大日本総同盟友愛会」と改称し、従来の「一般的地域的組合」を職業別および産業別全国労組に再編し、「友愛会」をナショナルセンター的な同盟組織にせんとする方針を決め、大正デモクラシーの思想を具現する「宣言」を発した。

「労働者は人格者である。……相場によって売買せしむべきものではない。又組合の自由を獲得せねばならぬ。……我等は個性の発達と社会の人格化のために、生産者が完全に教養を受け得る社会組織と、生活の安定と、自己の境遇に対する支配権を要求す」（181ﾍﾟｰｼﾞ）。

そして以下のごとく、当時の労働組合としては最良級の政策主張を20項目掲げた。

1、労働非商品の原則。2、労働組合の自由。3、幼年労働の禁止。4、最低賃金制度の確立。5、同質労働に対する男女平等賃金制の確立。6、日曜日休日（一週一日の休養）。7、八時間労働及一週四十八時間制度。8、夜業の禁止。9、婦人労働監督官を設くること。10、労働保険法の実施。11、争議仲裁法の発布。12、失業防止。13、内外労働者の同一待遇。14、労働者住宅を公営にして改良を計ること。15、労働賠償制度の確立。16、内職労働の改善。17、契約労働の廃止。18、普通選挙。19、治安警察法の改正。20、教育制度の民本化（181～182ページ）。

これらの政策主張の選択には、ＩＬＯの影響も見て取れる。政労使三者代表制のＩＬＯ（国際労働機関）総会に、1919年度の第1回総会から23年度の第5回総会までは、日本の代表団が労組代表を加えずに国の内外から非難され、24年度の第6回大会から労組代表を加えたことは有名な話である。それだけになおさらＩＬＯ大会の動向が注目されていて、1919年採択の第1号条約の1日8時間1週48時間労働制なども、友愛会の要求項目に挙げられたのである。

ちなみに、今日の日本では、まだこの第1号条約さえ批准されず、おまけに解釈改憲で戦争の出来る国にしようとする戦後最凶悪の安倍晋三内閣が、労働日の制限規制さえ撤廃して残業代をゼロにする労働法制の大改悪法案を出しているのである。

（注1）信夫清三郎著、前掲書Ⅱ、488ページ。
（注2）飛鳥井雅道著『幸徳秋水―直接行動論の源流』（中公新書、1969年）36～37ページ。
（注3）『原敬日記』（福村出版、1981年）第4巻、38ページ。この引用文は、成田龍一著『大正デモクラシー』（岩波新書、2007年）27ページにあり、その典拠を知るために盛岡市役所に電話して「原敬記念館」の電話番号をお尋ねし、「記念館」の職員から引用文の典拠をお聞きした。

（V）全国水平社、日本農民組合、日本共産党の結成

この時期の民衆運動の全国的な結社は、社会の最下層に及んだ。1922（大正11）年の3月3日には、各地の「米騒動」で主導的役割を果たした未解放「部落民」の解放を目指す「全国水平社」が結成された。鈴木文治は、こう述べた。

「殊に此度の暴動に於て注意すべきは今の所謂水平社の部落民諸君が、先頭に立って奮闘したこと で、処罰を受けた者も水平社部落民の人に多いのであった。広島、京都、和歌山等皆其暴動の主動者と見られた者は、部落民諸君であった」（注1）

また、4月9日には「日本農民組合」が結成され、すぐに全国各地に支部を広げ、増大する小作争議を指導した。また、1921年5月7日の「日本海員組合」の発会も、持続性のある産別全国労組の成立であった。

とくに1922（大正11）年の7月15日には、政治的にもっとも重要な結社の一つである「日本共産党」が、「コミンテルン」の日本支部として非合法で結党された（注2）。日本の支配階級とその国家権力は、創立されたこの党の出現に恐怖して「治安維持法」を制定し、それらを駆使して共産党の殲滅のために狂奔することになる。日本共産党は、息つく間もなく苛烈な弾圧を受け、活動を強く制約された。

（注1）鈴木文治著『労働運動二十年〔限定版〕』〔総同盟五十年史刊行委員会発行、1966年〕168ページ。
（注2）日本共産党の結党に関し、内発性を基本におく立場とコミンテルンの主導と指導を圧倒的と見る立

場〔渡部徹・飛鳥井雅道編『日本社会主義運動史論』（三一書房、１９７３年）の第二章はこの立場〕との意見のちがいがあるようであるが、この両契機が共に必須であったとみるのが公正であろう。

（ⅵ）日本的労資協調主義政策の併用

労働・社会運動の激しく大きな高まりに当面して、国家権力も労働運動に対し弾圧だけでは対処できなくなり、労働者の企業別分断と階層差別を伴った日本的な労資協調主義の政策をも併用することになった。

まず、「社会（労働）行政」機構の改革である。国は労働および社会運動の激化に行政的に対応する必要から、内務省において、貧困者や被災者などを援助するために金品を与える「賑恤《しんじゅつ》救済」から「社会（労働）行政」への転換を図るとして、それまで「軍事救護法」（注１）を管掌した地方局「救護課」を１９１９（大正８）年に「社会課」と改称して「社会（労働）行政」を担当させ、翌年にそれを内局としての「社会局」に格上げし、さらに１９２２（大正11）年の「健康保険法」制定とともにこれをも担当する「外局」に格上げした（注２）。

その「社会（労働）行政」政策の内容の検討も急進展する。１９１８（大正７）年６月発の勅令２６３号によって設置されていた「救済事業調査会」が１９１９年3月2日に原敬内閣に提出した答申は、「労働組合ハ其自然ノ発達ニ委スルコト」などと、ややリベラルなものとなった。原内閣は、答申中の労資「協同調和ヲ図ル」民間機関の設置提案を採用し、内相の私的諮問機関「資本労働問題協議会」からそれに賛同する答申も得、19年12月に政・財・学界の有力者を糾合し財団法人「協調会」（注3）を立ち上げた。

また、国は自主的な団結の高まりに対抗し、企業別分断的な労使協調促進のための協議組織にすりかえさせようとして、各企業に使用者代表と従業員代表からなる「工場委員会」を設置することを薦め、自ら翌20年にかけ軍工廠、国鉄、八幡製鉄所などの国営企業に「工場委員会」を設置した。

さらにまた国は、1919（大正8）年に「労働委員会法案」を発表し、争議の予防と早期妥結のため企業単位の「労働委員会」を設置することを勧奨し、自ら国鉄に「現業委員会」を設置し少々の実績をあげたが、1922（大正11）年ごろまでに労組の反対で頓挫《とんざ》したという（注4）。

国の内外の情勢の進展はまた、国に労働組合法案や失業保険法案の検討をも余儀なくさせた。ここでは前者にのみ触れよう。

前述のように1920年代の労働運動では、団結および団体交渉権の獲得運動が展開した。そのうえ、1919年のILO第1回総会に原内閣が非当事者を労組代表と偽って同伴したことが内外から糾弾され、「穏健な」労組を容認する必要も生じていた。

社会政策による統治を「政友会」よりも重視した「憲政会」は、1920年の1月に労働組合法案を起草して発表した。その前に政府側でも救済調査会の答申に沿うややリベラルな内務省案（たしか南原繁が関わった）とより統制的な農商務省案が準備され、後者が内閣直属の臨時産業調査会に諮問されたが、1920年の反動恐慌に乗じた財界側からの強い反対でつぶされた。さらに19

２４（大正13）年5月の総選挙で大勝した「護憲三派」が政権に就いたとき、政府は１９２５年８月に内務省社会局原案の、斯界《しかい》の権威者・末広厳太郎が「法案は今や一変して『労働組合取締法案』となりたるの感がある」（注５）と評した「労働組合法案」をも付議した。しかし、それにさえ財界が反対し、政府は、結局、立法の努力を放棄した。その後、敗戦前に労働組合法案が復活することはなかった。

この間、守勢に立ち分裂を強めていた労組側は、「労働組合法案」についても非力であった。ただし、労組側が長年要求し続けた「治安警察法」の17条と30条の廃止については、第一次加藤高明内閣により25年8月に議会に付議され、第二次加藤内閣のもとで１９２６（大正15）年の４月に「労働争議調停法」とともにその治警法の改正法が制定されて7月から施行された。これで「罷業権の確認」（注６）が行われたのであるが、治警法の改正と同時に制定された「暴力行為等処罰に関する法律」（同年4月10日公布、4月20日施行）によって争議行為が制縛された。

なお、「治警法」も、敗戦後に廃止されるまで、社会主義結社禁止権能を保持したのである。

（注１）一般の「受救貧民」を１８７４（明治７）年布達の「恤救規則」下に放置したまま、軍国化を支えるため、貧窮した出征兵士遺家族に全額国家負担で公民権否定を伴わない救護を行うことにした「軍事救護法」が、１９１７（大正６）年の7月に制定・公布されている。

（注２）『内務省史』第三巻による。

（注３）『財団法人協調会史三十年の歩み』（偕和会、１９８０年）参照。鈴木文治は、「協調会の設立されたのは、私の見るところでは、米騒動の結果である」と述べている。鈴木著１８６ページ。

（注４）『内務省史』第三巻参照。

（注5）末広厳太郎著『労働法研究』（改造社版、1926年）212ページ。彼の批判の厳しさは、引用文収載の論説の標題が「根本的に改悪せられたる労働組合法案」とされたこと、その次に収載された論説の標題がそのものずばり「労働組合取締法案を評す」とされたことからも明らかである。
（注6）同前著の447ページ以下に収載の「労働争議調停法解説」の「第一　治安警察法第十七条の撤廃と罷業権の確認」参照。

3　わが国初の社会保険立法＝「健康保険法」の成立

結局、大正デモクラシー期の労働・社会運動の高揚に対応してなされた最大の社会政策的改良は、労働者健康保険制度の成立であった。1922（大正11）年の4月22日に労働者を被保険者とする「健康保険法」が制定された。池田信は、前年の神戸三菱川崎両造船所の大争議が同法成立の引き金になったと評した（注1）。同法の施行は、翌年の関東大震災も影響して遅延し、1927（昭和2）年からとなる。

この「健康保険法」は、わが国初の社会保険立法として「日本社会保険の成立の画期」をなし、敗戦後の再建と修正を経つつ今もなお社会保障の医療保険の基幹制度とされているものなので、少々敷衍《ふえん》しよう。

ドイツに遅れることおよそ30年、世界的な「革命的危機」の日本的発現が労働者「健康保険法」の立法機運を切迫させた。労働者疾病保険制度についても憲政会のほうが積極的で、同党がまず1

９２０（大正９）年2月の第42回議会に「疾病保険法案」を提出し、さらにその翌年に第43回、第44回議会と二会期続けて同じ法案を提出したが、未成立に終わった。

おりから、１９２１年の9月に安田財閥の安田善次郎が暗殺され、次いで11月４日に原敬《たかし》首相が東京駅頭で刺殺され、その翌日に内閣が総辞職した。この年の神戸の大争議などの労働争議の激化と要人殺害テロの続発に表出した社会不安に押され、憲政会は12月開会（翌22年３月閉会）の第45回議会に「政府管掌」に一本化した「疾病保険法案」を提出したほか、「失業保険法案」も提出したが、いずれも政友会などの反対で否決された。

原内閣のあとを継いだ政友会の高橋是清内閣は、原の路線を継承して「過激社会主義運動取締法案」を策定するとともに、１９２１年12月に「健康保険法案要綱」を決定し、当事者たる労使の代表を除外した「労働保険調査会」に諮問し、その答申に沿い、「健康保険組合」設立事業所を常用１００人以上から３００人以上とするなど、一部修正して「健康保険法案」を確定し、憲政会案を否決した第45回議会の会期末に「健康保険法」を成立させた。

その議会審議は、３月13日に衆議院に上程し、15日に通過、貴族院に回付して25日に可決成立し、４月22日に公布と、上程から可決成立までわずか２週間であった。わが国初のこの画期的な社会保険立法が、かくも性急に無修正で制定されたのは、主には機運が熟し情勢が切迫していたからであったが、副次的には、同会期に高橋内閣が「過激社会主義運動取締法案」をも上程し、それに論議が集中して「健康保険法案」の方はろくに審議されずに通過したからであった（注２）。

さて、制定された「健康保険法」は、全文７章91ヵ条からなるわが国で最初の労働者疾病保険法である。同法は、「工場法」と「鉱業法」の適用事業所（制定時は常用15人以上、施行時は10人以上）の常用労働者を被保険者とし、常用300人以上の大企業対象の「組合管掌健康保険」と中小企業対象の「政府管掌健康保険」の二本立てとし、労使折半の保険料拠出と引き換えに、被保険労働者の保険事故に原則180日以内の給付を行うことなどを定めた。

同法は、労働者を「健康保険法組合」対象と「政府管掌」健康保険対象と除外労働者の三階層に区分＝差別し、とくに一方で大企業労働者を企業別の健保組合に囲わせ、他の階層から引き離し相対的に優遇させることで、大企業の労務管理を補強させる装置としたこと、そしてその対極に臨時や零細事業の労働者の排除＝「無保険」を制度化したこと、したがってまた被保険者でさえ概して給付が低率・短期で、しかも家族給付の義務付けを欠いたことなど、欠陥の多いものであった。小零細企業などの無保険労働者の積み残しが、やがて1938（昭和13）年の「国民健康保険法」制定への一契機となるのである。

それでも、「健康保険法」は、それまで無保険であった民間企業労働者の相当部分を被保険者とする国営労働者保険制度を開設し、「労使折半」にせよ使用者側にも保険料負担を課し、国にも医療保険事務費のほか保険給付費の1割を負担させる「社会的扶養」を制度化した点で、有意義なものであった。

この立法は、労働・社会運動の高揚と激化が革命運動の台頭をも随伴していた情勢に対応し、労働者たちが無保険による受療の困難という重大な欠乏を満たす労働者医療保険制度を求めていたことに一定、改良的に応えることで、社会不安の沈静化にも役立てようとし、敗戦前の劣等な日本の社会政策の中では「工場法」よりも一段高く労働運動の高揚と労働者階級の成長に対応させた改良立法になったのである。

ちなみに、前記1933（昭和8）年の大河内論文の発展序列論は、この関係を反映するものであった。ただし、同法の制度は、重大な収奪的要素をも伴い、その点が労働運動左派の糾弾するところとなった。

1927（昭和2）年の同法施行を前にして、友愛会の後身「労働総同盟」の分裂後の左派「労働組合評議会」は、本来、使用者だけが負担すべき労働災害補償責任の費用までも労使折半の健康保険料に組み込んで労働者側の保険料に負わせているのは不当であると抗議し、その分の撤回を要求する健康保険ストライキを呼びかけて取り組んだ。その健保ストは散発にとどまり修正要求を達成できなかったが、今日的な尺度をもってしても彼らの社会保険要求は正当であった。しかも、この健保ストは、日本史上類例のない有意義な闘いであった（注3）。

（注1）池田信著『日本的協調主義の成立―社会政策思想史研究―』（啓文社、1982年）122～123ページ。
（注2）拙著『日本社会保険の成立』（山川出版社、2003年）29～30ページ。
（注3）拙著、同前書、36～45ページ参照。

4 「治安維持法」と「普通選挙法」の成立

(i) 民衆的な普選運動

日本における普通選挙権の要求運動は、「自由民権運動」に発する。「自由民権運動」は、1874(明治7)年の民選議院設立の建白をもって開幕した。「自由民権運動」は、いくつもの憲法草案を生んだのであるが、その一つが高知の植木枝盛のもので、主権在民や「男女平等の普通選挙に近い方法で選出される議員から成る一院制議会」などを謳った(注1)。

明治国家は、自由「民権」要求にいち早く対抗して1876(明治9)年に「国憲」準備告知の勅諭を発布し、長州閥元老、伊藤博文の主導で海外調査のうえ秘密のうちに憲法案をつくり、フランス革命100周年に当たる1889(明治22)年に一方的に上から欽定憲法「大日本帝国憲法」を国民に押し付けた(注2)。

それこそ国民への押し付け憲法であった「大日本帝国憲法」は、「天皇」の大権を謳い(1章)、立法の「協賛」機関として「帝国議会」を定めた(3章)。そこでは第35条が、「衆議院ハ選挙法ノ定ムル所ニ依リ公選セラレタル議員ヲ以テ組織ス」と定めたが、「選挙法」は衆議院議員の選挙権を多額納税の成年男性に限り、普通選挙権を否定していた。

しかし、普選の要求は止まず、労働組合運動勃興期の１９０１（明治34）年に片山潜や幸徳秋水を含む６人による「社会民主党」の結成宣言においても「普通選挙法を実施すること」が要求され（注３）、前年の１９００（明治33）年には各地の「普選同盟会」が普選請願書を提出するなどし、普選要求運動は持続した。そしてやがて普選は、「米騒動」で一挙に大衆化された「大正デモクラシー」運動の綱領的要求となる。

「友愛会」は、１９１９（大正８）年の改組大会において「（大）日本労働総同盟友愛会」と改称し、前掲の政策主張のなかに「普通選挙」を掲げた。さらに、その翌年の1月末日に労働・思想団体など43団体が参加して「全国普選期成連合会」が結成され、普選要求運動が統一戦線化して本格化する。

（注１）憲法問題研究会編『憲法読本　上』（岩波新書、１９６５年）53ページ。その「日本国国権案」全文は、家永三郎編『植木枝盛選集』（岩波文庫）にある。
（注２）井村栄一編『自由民権と明治憲法』（吉川弘文館、１９９５年）参照。
（注３）前掲『憲法読本　上』57ページ。

（ⅱ）「大正デモクラシー」の「民本主義」的な普選要求

普選要求が「大正デモクラシー」運動の綱領的要求とされ、普選運動が政治的統一戦線化するうえで、吉野作造の「民本主義」による普選論も役立ったはずである。

吉野は、『中央公論』の1916（大正5）年1月号に発表した論説「憲政の本義を説いて其有終の美を済すの途を論ず」によって、一躍当代の代表的論客となった。吉野は、この論説で、「いわゆる民本主義とは、法律の理論上主権の何人に在りやということは措いてこれは問わず、ただその主権を行用するに当って、主権者は須《すべか》らく一般民衆の利福並びに意嚮《いこう》を重んずるを方針とすべしという主義である」と述べて（注1）、「一般民衆の意嚮」を徴するために普通選挙によって選出される議会に付議すること、そして民衆はこの普選議会を通じて意向を表明し、「利福」＝「生活の安固」を期すべきものとしたのである。

（注1）岡義武編『吉野作造評論集』（岩波文庫、1975年）45ジペー。

（iii）治安対策としての普選化政策と「治安維持法」の制定

露欧に革命が起きた第一次世界大戦末期からの労働・社会運動の高揚のなかで普選権要求運動が統一戦線化して高まった情勢に当面し、支配階級は、革命防止の治安対策として治安立法付きの制限的「普選」化を図ることになる。権力者たちは、「自由民権運動」の正統な継承者たる「普通選挙権」要求運動の高まりを逆手にとり、ごく制限的な「普通選挙権」の容認に「治安維持法」を貼り付けることで権力政治を逆に強める戦略をとったのである。

その先頭打者は、地主と財閥の守護者たる保守政治家の原敬であった。原敬が東京駅頭で暗殺されたあと、その遺志を継いだ高橋是清内閣の総辞職をうけた後継の加藤友三郎内閣は、「共産党」

の結党直後に「過激社会運動取締法案」を国会に上程した。そのときは統一した「三悪法反対運動」に遭い、関東大震災も起きて同法案は審議未了となった。しかし、支配者たちの執念は強く、突如勃発した関東大震災の大惨事に便乗し、それを利用することになる。

１９２３（大正12）年9月1日の正午直前、相模湾を震源とする最大級の地震が勃発し、「関東大震災」となった。京浜地帯で20万人近い人命をも奪ったこの大災害の惨禍のほどは、吉村昭のすぐれた実録小説『関東大震災』（文春文庫、１９７７年）からもうかがえる。

吉村のこの書は、「地震発生―二十万の死者」の篇において、膨大・悲惨な人命の焼失と激震地での家屋等の倒壊・焼尽の模様を活写したほか、「第二の悲劇―人心の錯乱」の篇において、政府が大震災に際し民衆の暴動と反乱を恐れて戒厳令を敷くなか、警察と軍隊が共同して南葛労働組合員の平沢計七、河合義虎ら13名を殺した亀戸事件や、甘粕憲兵大尉らが社会主義者の大杉栄・伊藤野枝夫妻と6歳の甥《おい》、橘宗一を殺害した事件などとともに、朝鮮人来襲の流言蜚語《りゅうげんひご》に動じた民衆が自警団によって朝鮮人を３０００人余とも言われるほど大量に虐殺した模様をも叙述し、軍警民による白色テロ旋風の経過を述べている。

なかでも、この朝鮮人の大量虐殺は、「日韓併合条約」（１９１０（明治43）年8月）によって帝国主義国に成りあがった「大日本帝国」が、朝鮮人民に対して犯した最大級の犯罪であった。この大罪は、植民地化に対する朝鮮人民の激しい闘争を報じられていた東京の民衆が、大震災のパニックのなかで朝鮮人たちの仕返しがあると、いわば被害妄想的に思い込んで犯したものであった。その犯行の模様は、加藤直樹著『九月、東京の路上で』（ころから、２０１４年）において、生々しく叙述されている。

（ⅳ）関東大震災と「治安維持法」の成立

支配階級と国家権力当局は、非合法の共産主義運動と１９２２（大正11）年７月15日に結党された「共産党」を主敵としたが、この時期により広く学生と学界や文化関係者にマルクス主義の影響が急速に広がりつつあった事態を憂い、強力な治安立法を欲した。それにこたえ「治安維持法」案がまず司法省によって起草され、それをもとに最終的には司法省と内務省の合同案として策定された（注1）。

同法案は、第1条「国体若《もしく》ハ政体ヲ変革シ又ハ私有財産制度ヲ否認スルコトヲ目的トシテ結社ヲ組織シ又ハ情ヲ知リテ之ニ加入シタル者ハ十年以下ノ懲役又ハ禁錮ニ処ス」ことを骨子とし、共産主義の結社を禁止しその運動の殲滅《せんめつ》を主目的とし、併せてその温床や便宜になるとして広く人民の自由を制限し剝奪できる内容とされた。そして１９２８（昭和3）年6月29日付の「緊急勅令」による改悪法の第1条に「死刑」の科罰のほか、とくに「目的遂行罪」が加えられることで弾圧の範囲は本格的に拡張される。その内容については84～86ジで述べたとおりである。

もちろん、第一次加藤高明（憲政会）内閣が「治安維持法案」を１９２５（大正14）年2月に帝国議会に上程したとき、議会の内外に相当強い反対があった（注2）。

院外では、1月中旬から左派系中心に労働組合の反対決議が相次ぎ、「悪法反対同盟」が結成され、2月11日から各地で反対演説会やデモが開催され、2月19日に芝公園で開催された民衆大会では、民衆のデモが警官隊と衝突し、27名が検束され、けが人も出た。

言論界の一部からは、当然、共産主義への弾圧が一般的な言論と思想の自由の抑圧となることのおそれ、具体的には合法的な改革の運動や思想まで処罰されかねないおそれを挙げての批判がなされ、衆議院でも類似の質疑が行われた。２月16日には「治安維持法反対記者同盟」が結成され、反対議員たちへの働きかけと連携が組まれたという。しかし、政府側は、過激な社会主義者しか取り締まらないとの詭弁《きべん》に終始した。

しかも、「大震災」という大惨事に便乗しやすい（注３）状況が、「治安維持法」を成立しやすくした。まず、同法の刑罰内容が原内閣の「政令」以来の治安法規の内容を受け継いでいたことである。

政府は、大震災時に警視庁が大々的に加担したことをさておいて、全国紙と地方紙が虚偽の朝鮮人来襲説を伝播《でんぱ》させ混乱を増大させたとし、戒厳令下の９月７日に出版物取り締まりの強化を図る「治安維持罰則勅令」を発し、原内閣の取締「政令」以来伝承した「十年以下の懲役および禁錮」などの刑罰を取り入れた。こうして、「治安維持法案」の刑罰内容が既成事実となっていたことである。そしてまた、前記のように吉野作造や福田徳三を含む「民本主義」者たちは、社会主義、共産主義に対する取締「対策」を求めていた。この「対策」に「治安維持法」を当てはめてみると、事態は明白となる。

もちろん、私もまた、「民本主義」者たちが、一方では進歩的な「改革」を追求していたと考える。しかし、歴史は峻厳《しゅんげん》である。著者も敗戦までは経験した天皇を「現人神」としたような思想状況から類推される絶対主義的天皇制のもと、「民本主義」者たちは、社会主義、とりわけ共産主義を敵視していた。このように「民本主義」者たちもまた、明治の社会政策学者たちと同様に、一方で進歩的「改革」を求めながら「社会主義」に反対したのであるから、彼らもまた「社会政策主義」者と呼べるわけである（注4）。

ともあれ、この推察を進めるために、「民本主義」の代表的な論客であった吉野作造の動勢に触れよう。1923年10月20日に吉野は、堀江帰一らとともに、大震災時の「鮮人の陰謀並に主義者との通牒の有無」に関する政府の調査結果の公表を求めた「二十三日会」の詰問的な決議を山本権兵衛内閣（第二次）に提出したという（注5）。

しかし、民主主義者なら積極的に反対し世論を啓蒙し反対運動を鼓舞すべきところなのに、大正デモクラシーの言論的両雄、吉野作造と福田徳三が「治安維持法案」反対のために活躍した形跡は、見当たらない。むしろ、彼らは、反社会主義の「社会政策主義」的な「民本主義」の立場から「治安維持法」に積極的には反対しないか、または容認したと推論されるのである。

その根拠を吉野の「憲政の本義」に関する1916（大正5）年の論文から窺《うかが》うために頁をめくると、すぐに次の言説が現れる。共和主義の「意味で唱えらるる民主主義こそは、わが国などでは容れることのできない危険思想である」。「我々は、我が国の当局者が……社会主義者の実際的運動に対しては、相当に厳しき制束を加うるを視て、多少これを諒《りよう》とせざるを得ないと考うるものである。何となれば、社会主義者の運動は多くの場合において、民主共和の危険思想を伴うこと、諸国の例に明白であるからである。現に我が国でも幸徳一派の大逆罪は、社会主義者の間から輩出したではないか」（注6）、などと書かれている。

東京帝大の教授にして当代の令名高き代表的な政治学者が、「大逆事件」の真相への洞察力においては貧苦のうちに夭折した歌人・石川啄木にはるかに劣り、「社会主義」に反対するあまり、大方が冤罪であった「大逆事件」の大弾圧を正当であるとしたのであるから、これでは「治安維持法案」に積極的に反対せず、むしろ容認したと推論せざるを得ないわけである。

こうしてみると、「民本主義」者たちも、第一次世界大戦後のドイツにおける社会民主主義者たちと似て、客観的には、ファシズムに向かう流れに棹《さお》さす役割を演じたことになる。「民本主義」は、「大正デモクラシー」のアキレス腱でもあったのである。

結局、「治安維持法案」は、衆議院で「政体」の語を削除しただけで、反対少数（衆院18名、貴族院１名）で成立した（4月22日公布、5月12日施行）。

小林多喜二が卒業した翌１９２５（大正14）年10月の小樽高商において、配属将校が関東大震災時に擬して朝鮮人の暴動を想定する軍事教練を行った。それに抗議して学生たちが反対闘争に立ち上がって全国の注目を惹《ひ》き、「軍教反対」が全国に広がる気配を見せるなか、「治安維持法」が早くも１９２６（大正15）年1月に「京都学連」に対する弾圧に初適用され、38人の学生が逮捕された。逮捕された学生たちは、「社会科学研究会」（＝「社研」）の参加者であった。「社研」を介してマルクス主義が浸透し各地の学生が「軍教反対」に決起する気配に驚愕《きょうがく》した当局官憲が、マルクス主義的な学生運動が最強であった京都学連を最初の槍玉《やりだま》に挙げたのである。

しかも、この昭和初期には経済恐慌が連なり、とくに１９２９年10月24日アメリカ発の「世界大恐慌」が日本に襲来した。その翌年から破局的な「昭和恐慌」となり、労働者・人民を「失業と貧困」の奈落に突き落とし、労働・社会運動は左右に分裂しながら先鋭化し、資本主義批判の尖兵《せんぺい》たる共産党の影響も広がりかねない状況にあった。脆弱《ぜいじゃく》な日本資本主義は危機に瀕し、軍部主体の天皇制国家権力は、危機打開の方途を「治安維持法」による暴圧と「15年（侵略）戦争」に求めて暴走し始めていた。「昭和」は「治安維持法」の暴圧とともに明けたのである。

しかし、歴史は一路、奈落に転落したのではない。「大正デモクラシー」において、敗戦後の「民主化」を迎える諸要素も準備された。それに関連する大正デモクラシーの代表的な社会政策論に立ち寄ろう。やはり、「民本主義」は、一面では進歩的な「改革」主義であったからである。

（注1）中澤俊輔著『治安維持法―なぜ政党政治は「悪法」を生んだか』（中公新書、2012年）46～50ページ参照。

（注2）同前書は、51～53ページを中心に「反対運動」について記述している。大原社会問題研究所編『社会・労働運動大年表Ⅰ』236ページ参照。

（注3）ナオミ・クライン『ショック・ドクトリン』（岩波書店、2011年）参照。

（注4）信夫清三郎によれば、1919（大正8）年1月22日の「帝国議会」の議場において、斎藤隆夫は、「改革の理念としての民本主義についてつぎのよう語った」として発言した内容を紹介したうえで、こうまとめている。「民本主義は、彼らにしたがえば―国民と日本を『危険思想』（＝共産主義…カッコ内は相澤のことば）からまもるために必要であった。言葉をかえていえば、民衆運動が危険思想―社会主義（＝共産主義）と結合するのをふせぐために必要であった。だから、民本主義の具体的な綱領は、一方では旧制度の改革を要求し、他方では社会主義（＝共産主義）への（抑圧的な）対策を要求した」。信夫清三郎著、前掲Ⅱ、508～509ページ。

（注5）『吉野作造通信』第15号の山田昭次稿。
（注6）岩波文庫の『吉野作造評論集』40ページ。

5 吉野作造の「民本主義」の普選論と福田徳三の「生存権の社会政策」論

（ⅰ）反社会主義的な社会改良主義＝社会政策主義

「大正デモクラシー」の代表的な論客は、吉野作造と福田徳三であった。著者も、大局的には、絶対主義的天皇制を受容する限界内でも可能な社会改良として、吉野が「民本主義」による「普選」論を唱え、福田が「生存権の社会政策」論を唱えることによって、当代の思潮の啓蒙に貢献したことを承認したい。

そのうえでの話として、著者は、彼らの反社会主義、とりわけ反共的な「社会政策主義」を批判したい。現に吉野の「普選」論も、福田の「生存権の社会政策」論も、階級闘争による社会主義革命を防止する手段でもあるとされたものであった（注1）。

なぜ、著著が今なおこのことを重視するのかといえば、彼ら、とくに吉野は、先に彼の代表的論説からその一証拠を開示したように、天皇制を支持し、それに逆らう社会主義者を当局が取り締まるのは当然で諒承《りょうしょう》できることであるとしたために、「治安維持法」に積極的には反対せずにそれを容認した。そうすることで「治安維持法」による暴圧によって自らが代弁した「大正デモクラシー」を絶息させ、「昭和ファシズム」を招来することに加担することになった、と推論されるからである。

そうではあるが、「大正デモクラシー」は、明治前期の「自由民権運動」の民権拡張要求の歴史的課題を受け継ぎ、実際にもブルジョワ的な政党内閣の成立や、無産政党運動の勃興と中央および地方議会への進出などを促し（注2）、敗戦後の日本の民主化に向けて重要な準備をするものになった。

さらにまた「大正デモクラシー」の最大の貢献は、民衆運動、とくに労働・社会運動の未曽有の高揚を通じての「労働者階級の成立」と成長への貢献であったが、「思想的達成」も大きかった。「大正デモクラシー」研究の一先学たる松尾尊兊は、大正期が「生み出した最良の思想的達成は、日本国憲法の基本精神に直結しており、戦後民主主義の日本社会への定着は大正デモクラシーを前提としてはじめて可能であった」（注3）と述べている。傾聴に値する言説なので、少々独自の検証を加えよう。

（注1）田澤晴子は、「『デモクラシー』と『生存権』―吉野作造と福田徳三の思想的交錯」（『政治思想研究』2011年5月、第11号）の「2　福田徳三における『生存権』と新しいデモクラシー」の中において、「吉野の場合は普通選挙の実現による『階級闘争』の解消を期待し、福田は『生存権』を社会主義革命回避の手段として主張する」とまとめている。
（注2）金原左門著『大正デモクラシーの社会的形成』（青木書店、1967年）参照。
（注3）松尾、前掲書vi～vii。

（ii）「社会の発見」と「社会運動」重視の社会政策論

この時代の社会政策学における一大革新は、社会的な全問題を国家に帰属させてきた国家主義的なパラダイムを脱し、国家から独立した「社会」の存在と役割を認知し、労働・社会の問題と運動に関わらせて社会政策学を論ずるようになったことである。

ちなみに、国家から区別して人間の共同社会を「市民社会」的な「社会」と認知し自覚的に論じ始めたのは、世界史的には17〜18世紀の市民革命の思想家たち、具体的にはジョン・ロック（1632〜1704）、ジャン・ジャック・ルソー（1712〜78）、トマス・ペイン（1737〜1809）である（注1）が、日本社会政策学史におけるその画期は、はるかに遅れて、おそらく福田徳三著『社会政策と階級闘争』（注2）の「一　社会政策序論」の「第一章『社会の発見』」であろう。

福田は、そこでこう述べた。「国家から独立した『社会の発見』は人類史上の一大発見であり、それは『社会運動、労働問題がプロレタリア階級の発生に其原因を有する』ことを最初に道破したロレンツ・フォン・シュタインによって拓かれた知見であり、そこから一方に社会主義論、他方に社会政策学が展開した」、というのである（1、16〜17ページ）。

福田は、この章で、もっとも重要な「社会の進展」をになう「社会運動」と「社会政策」の関係について、こう述べた。「社会政策は実にこの重大な社会運動に対する政策である。この重大否な絶大な社会運動に其内容《その》を與《あた》へ其理論を與ふることが即ち社会政策の学問の職分とする所でなければならぬ」。「今日の社会、国家に取って、労働運動が重要な意義を有すと云ふのは、其れがかく重大な意義ある社会運動の代表的なものであるからである」。労働運動が取り組む「労働問題」は、労働者だけの問題ではなく、「社会発展上の死活問題」としての「社会問題」であり、したがって「其社会問題は即ち労働問題であったのである」（20～22ページ）。

かかる観点と方法は、福田の意図に反し、階級闘争論とマルクス主義の受容を容易にした。

ちなみに、大正デモクラシーのもとで社会運動に関わらせて社会政策論を論ずる思潮に影響されたであろうと推察するのであるが、後発の東北帝大法文学部では、「社会運動史」と「社会政策論」を正規の科目とした。そこで、服部英太郎が１９２４（大正13）年度に「社会運動史」を開講し、くしくもその翌年「治安維持法」が制定・施行された年度に「社会政策論」を開講した。そして彼は、すぐに１９２７（昭和２）年から１９２９年にかけ、折から刊行中の『マルクス＝エンゲルス全集』と『社会思想』にカール・マルクスの学位論文をはじめ10点近くの翻訳を載せることでマルクス主義を学びその普及にも参与した。

文部省当局は、のちに「戦時体制」のもとで服部英太郎の追放を図って文部省教学局が彼の講義ノートを検閲し、その講義が国禁のマルクス主義の知識なしには理解できないものであるとみなし、１９４２（昭和17）年11月に「依願免本官」を強要し、大学から追放した。するとすぐ特高警察が服部を「治安維持法」違反容疑で検挙し、留置して取り調べた。純然たる「書斎派」の彼は、起訴猶予とされたが、大学から追放されたまま１９３６（昭和11）年５月公布の「思想犯保護観察法」による「思想犯」とされ、強制移住させられた東京で特高警察の「保護観察」下におかれたのである（注３）。

（注１）生松敬三著『社会思想の歴史』岩波現代文庫、２００２年、「序章『社会』の発見」参照。
（注２）初出、１９２１（大正10）年12月。１９２７（昭和２）年に他と合本し同文館発行の『経済学全集』の１冊として再録。
（注３）服部文男講話集『私が見た「昭和」』（宮城・革新統一をすすめる懇談会、２００８年）参照。

（iii）人格の解放論――「基本的人権」と「個人の尊重」

吉野作造も福田徳三も共に大正デモクラシーを代表した言論人として、「『人格』解放のための社会運動」を今後の社会構築に重要な意義をもつものとして支持し、これを推進しようとした。吉野の「人格」解放論が政治的および人間的な自由の解放を重視したのに対し、福田の「人格」解放論は他からの支配を受けない「自決」権の解放論であり、「労働」における創意の発揮であり、そのために「『社会政策』の樹立」が必要であるとするものであった。

この限りでいえば、彼らの「人格」解放論は、事実上、「日本国憲法」の第11条と第13条が謳う「基本的人権」と「個人の尊重」の保障に通ずるものであったし、そのための社会運動を支持したことになる。

ただし、彼らの「人格の解放」のための社会運動の支持にも、「社会政策主義」が付きまとった。

吉野の民本主義的な普選権の実現も革命防止の手段であるとされ、福田の「人格解放」のための「社会政策」も、高まる労働および小作争議に対抗し、それらの運動を社会政策によって「国家に包摂」し、争議の革命化を防止し、「国家の富強を実現しようとするものであった」（注1）といわれうるものであった。

（注1）田澤晴子、前掲論文、136、138ページ。

ⅳ）吉野作造の「民本主義」の立場

吉野作造の「民本主義」は、democracy の訳語とされたが、主権在民の民主主義ではなくそれに反対するものである。天皇の主権に触れない「主権運用の問題」とし、主権運用のあり方に関し民衆の意向を問う「民選議院」の議員選出のための普通選挙の確立を主目的とし、政治の内容を副次的なものとした（注1）。

かかる吉野の「民本主義」論は、1918（大正7）年1月発表の論説「民本主義の意義を説いて再び憲政有終の美を済すの途を論ず」（以下、「本義再論」と略称）に拠るものである。

1916年の『中央公論』掲載の論説「憲政の本義を説いて其有終の美を済すの途を論ず」（「本義」と略称）では、「政治の目的」を「第一」の「内容」とし、一般民衆の政策への意向を尊重しての「政策の決定」を第二の「内容」とした。ロシア革命後の「本義再論」においては、「普通選挙」による議会の決定を民衆の意向として尊重する「民本主義」を前面に押し出し、「政治の内容を副次的なものとした」。

ちなみに、田澤晴子論文は、吉野の「民本主義」は、「本義」論では、第二原則とした普選権の前に第一原則として「人民一般の利福を以て『政治の終局の目的』とする」ことを挙げたのに、「本義再論」では普選権を絶対的原則とし、「人民一般の利福」の原則を相対的原則に格下げし、後者を絶対的原則にすると階級闘争的な社会主義を是認することになるからであると理由づけたとしていた（注２）。

田澤の「本義再論」についてのこの説明は、不正確である。吉野は、なるほど「本義再論」では第二の民意を尊重するための民本主義の原則たる「参政権」こそが「憲政の本義」であって絶対的であるとしたが、一方、第一の「政治の目的」は「個人の自由」の尊重にあるとし、それは副次的であり相対的なものであるとし、無制限の個人の自由は「無政府主義に陥らざるを得ないからである」（注３）と述べていた。

いずれにせよ、吉野の「本義」と「本義再論」とは、この要点において論理が整合していなかった。

吉野の「民本主義」論は、絶対主義的な天皇制のもとでは成り立たない主権在民的な「民主主義」の形式的な一面だけを独立に成り立つ制度概念とし、論理的にも現実的にも無理な概念なのであるが、「民本」の語感において「大正デモクラシー」を印象づける働きをして流布されたのであろう。

しかし、「民本主義」の用語は、客観的には、絶対主義的な天皇制への不支持であるとみなされるのを免れるために「大正デモクラシー」の思潮が選んでまとった仮装であったはずである。吉野は時代の制約にとらわれて仮装を真実と取り違えたようである。

大杉栄は、吉野の「民本主義」論を「東京帝国大学教授法学博士吉野作造先生」が天皇制に容赦を乞うた「民主主義堕落論」であったと評している（注4）。それは正鵠《せいこく》を射ていた。ただし、吉野がそうしたのは、絶対主義的な天皇制が「大逆事件」をはじめとする歴史的な仕掛けによって、日本国民の大多数を畏怖させていたなかでのことであったことも、忘れてはならない。

（注1）松本三之介著『吉野作造』（東京大学出版会、2008年）130～131ページ。
（注2）前掲・田澤論文、120～121ページ。
（注3）『吉野作造選集』第2巻（岩波書店、1996年）108ページ。
（注4）『大杉栄評論集』（岩波文庫、1996年）の、「盲の手引きする盲―吉野博士の民主主義堕落論」143ページ以下。

（V）福田徳三の「生存権の社会政策」論

やはり、「社会政策主義」に制約されたものではあるが、それでも戦後民主主義につながる「最良の思想的達成」として、福田徳三の「生存権の社会政策」論に注目したい。

生存権に関する数多い彼の言説のうち、ここでは「生存権の社会政策」を標題とした論著（注1）を取り上げる。それは、「社会政策の根本思想は、生存権の主張に存す可きなり」。生存権の社会政策は、社会主義のごとく「社会の作り直しを要せず、（既存社会に）単に改良を加えて足るなり」。生存権の社会政策は「如何なる権力関係」のもとでも実現可能な改良であると論じ、そして最後に「我金井先生によりて開かれたる日本社会政策の学問は、今や其第一期を送りて第二期に入らんとしつつあり」（注2）、と結んだ。

「生存権」が法制的にも承認されるには、福田の主張とは異なって、社会主義革命をめぐる歴史的攻防や、第二次世界大戦における反ファシズムの勝利などによる国家と社会の民主化が必要であったし、生存権の実際の保障は、民主主義と公的福祉の高度発達を必要とした。

それでも、ドイツが11月革命を経て1919年に発布した「ワイマール憲法」の第151条において生存権を謳うより前に、福田が「生存権の社会政策」を提唱し、大正デモクラシー運動において「生存権」思想の普及をリードした彼の業績は、評価に値する。

福田の「生存権の社会政策」論は、「福祉国家論の先駆」（注3）としてよりも、むしろ「生存権」保障の社会政策を提唱してその思想を広め、間接に戦後の「日本国憲法」に第25条の規定を導入することに貢献した歴史的役割の方が大きいのである（注4）。

いずれにせよ、福田のいうのとは違う意味で、福田の社会政策論が「大正デモクラシー」を背景にして、明治の帝国「国家主義」的な金井延の段階を脱し、理念的には「ワイマール憲法」の生存権保障論に手が届く新しい段階に到達し始めていたといえよう。

なお、「ワイマール憲法」の社会的支柱は、ドイツの社会民主党と労働総同盟が代表した社会民主主義運動であった。福田の生存権の社会政策論には、「治安警察法」の第17条を廃止し、「労働団結権及同盟罷工権」や「労働協約」締結権などの社会権の拡張を期すことが含まれていて、福田は社会民主主義論や産業民主制論から摂取した「社会権」の拡張を唱えたのである。

それでいて、1919(大正8)年5月の講演「虚偽のデモクラシーより真正のデモクラシーへ」(『経済学全集』第6集所収)において、彼は社会民主主義もその「過激派」も、国民の多数ではあるが全部ではない「国民の一部階級」たる労働者のためのデモクラシーであり、英米のデモクラシーが資本家のためのそれであり、いずれも「虚偽のデモクラシー」であり、国民全体の「生活の安固」を実現するために「創造力と生産力を増す」こと、「我われの創造の衝動を解放すること」が「真正のデモクラシー」であると主張した。

この限りでは、彼のやや生産力説的な「生存権の社会政策」論は、日本において治警法や大逆事件等による弾圧もあって頼むに足る社会民主主義運動も成長しなかったことも影響してか、階級的であるという理由で社会民主主義にも反対したのであるから、まだ現実の世界史的な社会運動に足場を欠く観念的な人格解放主義の社会政策論であった。彼の「生存権の社会政策」論がリアルな政策論に発展したのは、後述の関東大震災からの復興政策論においてである。

(注1) 河津暹編『金井教授在職二十五年記念 最近社会政策』1916年所収。『改版経済学考証 其四』(同文舘、1928年)に再録。
(注2) 福田徳三著『経済学全集 第五集 社会政策研究』(同文舘、1926年)2107〜2108ページ。
(注3) 池田信著『日本的協調主義』(啓文社、1982年)第2部第1章第1節参照。
(注4) その一経路は、吉野作造経由である。福田の生存権保障論は吉野作造に受け容れられ、東京帝大で吉野の政治学を受講した鈴木安蔵がこれを受け継いだ。彼が敗戦直後にGHQの憲法草案のモデルとされた憲法研究会の「憲法草案要綱」起草の中心人物であったことは、有名である。福島県相馬出身の鈴木安

蔵は、二高の学生であったとき、服部英太郎の借宅への常連の訪問学生の一人であった。なお、服部英太郎も東京帝大法学部政治学科在学中に吉野の講義を受講した。彼の受講ノートが遺されていて、永澤汪恭主宰の「吉野作造『政治史』講義録　仙台翻刻会」が、『服部英太郎筆記版翻刻　吉野作造「政治史」講義録、1920（大正9）年度』の翻刻を2014年10月に完成させており、私もその一冊を頂いた。

また、令息の服部文男の講話文集（『私が見た「昭和」』宮城・革新統一をすすめる懇談会、2000年）に、当時、「憲法研究会」を主宰していた鈴木安蔵に大変お世話になったとのくだりがある。「実は、鈴木先生には大変お世話になりまして、若いときに、大正末に私の父のところに出入りしておられた関係もあって、『服部君、大学に入ってどうやって食っていくんだ』と聞かれたとき、『アルバイトしています』といったら、『そんなことはやめて、私を手伝ってくれれば少しは金になる』ということで、…先生のお手伝いをさせていただきました」（48ページ）とある。すると、服部文男は、日本国『憲法草案要綱』づくりを手伝ったことになる。

また、東京帝大のYMCAで吉野の後輩であった鈴木義男と森戸辰男は、共にワイマール期のドイツに留学した経験があり、「1946（昭和21）年5月召集の第90回帝国議会に設置された衆議院帝国憲法改正案委員小委員会に於いて」、社会党推薦委員として憲法改正案に生存権保障を規定することを主張し、その実現に貢献したといわれている。永澤汪恭『宮城の歴史地理教育』第21号5ページ参照。

（vi）「黎明会」の社会政策主義的な生存権論

「大正デモクラシー」における民衆運動の核心をなしたはずの事実上の生存権追求運動は、吉野と福田らがロシア革命後の1918（大正7）年12月23日に結成した思想啓蒙団体の「黎明会《れいめいかい》」でも発現した。この会の第一回例会で承認された「大綱三原則」に集約された趣意の第二に、「世界の大勢に逆行する危険なる頑迷思想を撲滅すること」、第三に、「戦後世界の新趨勢に順応して、国民生活の安固充実を促進すること」が謳われ、その第二原則が国粋主義的右翼思想の排撃を指し、第三原則が社会的な生存権保障の促進を指した。

このように吉野も福田の生存権論を受け入れたのであるが、あくまでも絶対的原則としての普通選挙を通じて得られるものとし、福田の生存権優先論とは立場を異にした。

なお、1919年1月18日の黎明会第一回講演会の「開会の辞」において、吉野は、「国民生活の安固充実」は「健全な思想を生ましむるに必要な素質」であるとし、不「健全な思想」には右翼の「頑迷思想」もあるが、「本当の危険思想」は外来の階級闘争論的な共産主義であるとし、その温床となる民衆の不平不満を取り除くために「国民生活の安固」が不可欠なのであると述べた（注1）。いわば、反社会主義的な福祉国家論であった。

（注1）前掲・松本三之介著、150～155ページ参照。

（vii）河上肇の再分配政策論的な『貧乏物語』

ちなみに、生存権問題とは表現されなかったが、日常的に蔓延し人民の生存を脅かしていた不平等による社会問題として「貧乏」問題を広く世間に認知させたのは、河上肇の『貧乏物語』である。第一次世界大戦に参戦し戦争成金の簇生《そうせい》と物価騰貴による民衆の生活苦の増大、つまり「貧富の懸隔」と貧苦が激化しはじめていた1916（大正5）年の9月から12月にかけ、河上肇は、大阪「朝日新聞」に同名の論説を断続的に連載し多くの読者を得たのち、これをまとめた同著を１９１７年3月に弘文堂より上梓するや、好評を博し、大きな社会的影響を及ぼすことになる。

その後に、河上肇はマルクス主義経済学者として有名になったからでもあるが、前述のごとく『貧乏物語』もその後の『資本論』の解説と研究もマルクスが重視した「受救貧民」問題を無視することで、日本の経済学および社会政策学史に大きな禍根をも残したのであるが、ここでは『貧乏物語』の積極面を拾う。

岩波文庫版の編者、大内兵衛は、「解題」を、「『貧乏物語』は明治・大正・昭和の学界をたどった求道の戦士の、社会政策学的研究の終点であり、彼の社会主義的研究のスタートである。そしてそれは、日本の学界のそういう転回点にそびえ立つ記念塔である。後進の学者は決してこれを無視してはならぬ」と結んだ。さすがに、至当な名言である。

大内は、その4半世紀後に書いた「追記」のなかで、同著の「富者の奢侈《しゃし》廃止を以って貧乏退治の第一策となす」という「解決についての道は、誤っていた」と述べている（注1）。

しかし、「富者の奢侈廃止……を第一策となす」との説は、解決策としてまったく誤りであったとはいえまい。もしも「富者の奢侈」をやめさせるほど高い累進税率と、大企業への減税分の復元によって得られる税収入増分を貧者の生活福祉に回す、つまり真っ当な再分配をするならば、貧者の生存権保障に役立ち、貧苦も緩和されるからである。

ちなみに、『貧乏物語』が激賞した英国の蔵相ロイド・ジョージは、１９０８年の無拠出制「老齢年金法」の成立にも関与した。しかし、その実施が予算を超える支出を必要とし、しかも彼が福祉改革の本命とした全労働者包括的な「国営保険」にはいっそう大きな予算が必要とされるため、上院の強い反対に上院議員資格問題で揺さぶりをかけて争い、1909年に「人民予算」と呼ばれた財政改革を達成した。そしてドイツの先例を参考にした労働者健康保険と世界初の国営失業保険からなる「1911年国営保険法」（National Insurannce Act,1911）を成立させたのである。

貧困問題は、人類の最大級の生活問題であり、経済学全般の基本問題であり、社会政策学の一大中心問題である。この『貧乏物語』は、日本と欧米諸国が当面する社会的不正として貧富の不平等による「貧乏」の問題を雄弁に告発し、これに社会と学界の関心を喚起した点でまことに大きな貢献をした。この『貧乏物語』は、まだ思想的には「空想的社会主義」、理論的には「均衡論的貧乏論（注2）」の域にあったかもしれないが、「社会政策主義」を奉じた社会政策学会に対しても挑戦的に貧富の不平等と「貧乏」の解決を問うことで、大内の評言の通り、日本社会政策学史にも実に大きな貢献をしたのである。

ついでに、挿話をひとつ入れよう。服部英太郎教授の美代夫人の回想記に、1942（昭和17）年11月11日早朝、特高が治安維持法違反容疑で教授宅を土足で襲い、教授を連行した直後の彼らの家捜しで、「一人の男など、河上肇の『貧乏物語』を見つけると、『あったぞ！』と踊り上がって奇声を放ち、まるで鬼の首でも取った様に喜んだ」（注3）とある。

（注1）岩波文庫版、193ページ。
（注2）小林漢二著『河上肇』（法律文化社、1994年）第3・4章参照。
（注3）大友福夫編『社会政策四十年—服部英太郎博士追悼・遺文集—』（未来社、1967年）139ページ。

(ⅷ)関東大震災からの復興論における「生存権の社会政策」論の展開

19世紀後半のドイツ同様、敗戦前の日本社会政策も、社会主義者や労働・社会運動への弾圧と組み合わされてきた。社会政策は、一面で労働者階級を中心とする民衆の窮乏化＝欠乏の増大に部分的に応じつつ、労働者・人民の要求と運動に対抗し、労働民衆の問題と運動を体制内に吸収・包摂し支配体制を受容させようとする政策であったからである。関東大震災の際のその体制内包摂の措置は、大惨事に便乗し軍警が社会主義関係者を虐殺する暴力型の政策であった。

その一方で、関東大震災からの復興に関わる社会政策論としては、３・11のあと「人間の復興」第一論で有名になった福田徳三の大震災からの「人間の復興」＝「生存権」回復優先の復興政策論が説かれた。福田徳三の「生存権の社会政策」論の立場からの「人間の復興」＝「営生機会の復興」優先の社会政策論の原典は、大震災翌年の１９２４（大正13）年の７月に同文館から上梓された『復興経済の原理及若干問題』である。それは、大正デモクラシーの社会政策論の精華である。

今日、「東日本大震災」からの復興政策をめぐって、財界および政府側によるグローバル独占資本本位のネオ自由主義的な惨事便乗型政策に対抗する民主的復興政策の拠り所として、福田徳三の「人間の復興」第一論が想起され、今に活かすべき「原理」として紹介され、応用されている。

その紹介・応用者の筆頭に岡田知弘が挙げられる。彼は、論考「震災復興と地域再生――『人間の復興』を中心軸に据えて」などにおいて、福田が「生存権の社会政策論」の立場から大震災の年の

10月に『報知新聞』に連載した「営生機会の復興を急げ」（翌年刊行の同著の七に再録）のなかの、「復興事業の第一は人間の復興でなければならぬ」に始まる命題（注1）を引用し、それに依拠して、「従来通りの多国籍企業本位の『グローバル国家』の道でなく、主権者である一人ひとりの住民の命と暮しを第一にする日本を、被災地から再生していく道こそ求められているといえよう」（注2）と説いた。福田は、「道路や建物」の復興優先を批判し、暗に当時の東京市長、後藤新平による超巨額の土建本位の帝都復興計画に反対したのである。

著者も被災者の一人として、福田のこの命題と岡田のこの主張に賛意を表明した（注3）。安倍内閣の「創造的復興」論は、「惨事便乗型復興」である。それは、著者のいう「政治災害」の上乗せ（注4）であり、東日本大震災と福島原発災害の大惨事をグローバル資本の貪欲な巨利追求の餌食にする。それはまた、災害救援に出動した自衛隊を米軍と共同で戦争する軍隊に変身させる政策と結びついている。

ただし、福田の『復興経済の原理及若干問題』にも、敗戦前の全経済学に共通の欠陥が露呈した。福田は、この命題を説いたすぐあとで、「営生の機会の復興から当面の問題を見ると」「幾多の暗礁」があり、その「第一は、失業問題である」とし（255ページ）、「一日も早く収入の源泉を確保すべき生存機会の擁護が行われなければ、復興などということは、問題とならない」（258ページ）と説いたのは正論である。しかし、この稼働優先論は、当時一般的な公的救貧排除論に同調し、公的救護を非難する自助的な自力復興賛美論とされ、大震災の被災による生活困窮者への公的「救護」を最悪の「強制的惰民」づくりであると非難したのである（注5）。

この「救護」による「強制惰民」化説は、マルサスの反救貧制度論と同類の謬論《びゅうろん》なのであるが、ましてや戦後の「日本国憲法」第25条と「世界人権宣言」の第３条などにおいて国際的にも発揚された生存権保障原理に照らして、全面的に否認されるべきものである。

およそ大震災は、一挙大量に人命を、したがって労働力をも奪うとともに、生産および生活手段を根こそぎ奪い、ただちには稼働しえない要保護難民＝「受救貧民」を大量に創出するのであり、彼らの生存権を保障するためには、まず公的な救助として公的扶助（戦前の「救護」）が必須なのである。とうぜん関東大震災に際しては、まず「救護」が生存権保障措置として行われ、それを土台としての自助努力が薦められるべきであった。救護は、実際に必須のものであったから、部分的に行われたのである。その不十分な「救護」をさえ「惰民」づくりであるとする見解は、戦前日本の経済学と政治を支配した資本家・地主階級的な偏見を、福田の「生存権の社会政策」論も復興政策論も共有し、露呈するものであった。

（注１）福田徳三『復興経済の原理及若干問題』、２５４～２５５ページ参照。
（注２）『月刊保団連』２０１１年11月号９ページ。その後に、岡田知弘・自治体問題研究所編『震災復興と自治体』（自治体研究社、２０１４年）において敷衍されている。
（注３）拙稿「『原発と震災』と生活・社会保障問題―その不安と希望」『週刊社会保障』No.２６６０、２０１２年１月16日号。
（注４）雑誌『週刊社会保障』同前号掲載拙稿。
（注５）福田徳三前掲著「一　復興経済の第一原理」の七、35～41ページ。

〈補　論〉

「原発と震災」と社会政策論の課題
――「国家独占資本主義社会政策論」の一展開

1　「原発と震災」の国家独占資本主義との関連

多くの人は、日本が東京電力とその大株主である独占および金融資本と長く自民党政権が支配してきた国家が構造的に癒着している国独資の国であることを認めるであろう。

まず、東日本大「震災」の国独資との関連について述べれば、「震災」もネオ自由主義的な国独資による「格差と貧困」の増大のなかで発生し、大変な不幸と貧困を上乗せした。「震災」は2万人に近い死者と行方不明者を出し、膨大な住宅を含め生活手段と生産手段を失わせ、仕事と暮らしをうばった。

「震災」は天災であるから国家と独占資本に責任はないのであろうか。いや、大「震災」にもろい生活環境、大「震災」への無防備状態をつくった責任は国独資を支配する国家と独占および金融資本勢力にある。

少なくとも、国家と独占および金融資本には、被災者たちの仕事と暮らしの再建を支える法的義務と経済・社会的責任がある。日本国憲法は、国家に国民の生存権と勤労権を保障する義務を課している。独占および金融資本は、その独占利潤を広く社会の労働者・住民に依存・寄生して取得するのであるから、その高い税負担能力に応じての税負担と公正な雇用と賃金を通じて、被災者たちの仕事と暮らしの再建を支援しなければならない。もちろん、国家と独占資本にこの責任と義務を果たさせるには、そのための強力な社会的強制が必要である。

(i) 福島第一原発事故の加害者は国と東電

一方、世界最悪レベル7の福島第一原発事故による放射能大災害は、構造的に癒着した国と電力独占資本＝東電、つまり国独資の電力版の共同の担い手たちの破廉恥な無責任によって引き起こされた「人災」である。

ちなみに、「東京電力福島原子力発電所事故調査委員会法」（２０１１年10月30日施行）による『国会事故調』は、２０１２年7月5日に両院議長に提出した「報告書」の冒頭「はじめに」において、「この事故が『人災』であることは明らかで、歴代及び当時の政府、規制当局、そして事業者である東京電力による、人々の命と社会を守るという責任感の欠如があった」、と述べている〔『国会事故調』（徳間書店、２０１２年9月）5ページ〕。

国と電力独占資本は、過酷事故を引き起こしてもなお癒着をやめず、共同して「やらせメール」まで組織して原発の再稼働に狂奔してきた。これが「二つの道」における支配権力側の道である。それに対抗する住民と自治体の側の道は、東電と国家の加害責任を追及して全面賠償を要求し、原発の再稼働に反対し、全原発の廃炉を要求する政策である。後者は、原発の放射能被害を避けて健やかに生きたい、とくに子どもたちを健やかに育てたいという正当で切実な願いに応え、それに支えられて多数派の政策となる。

福島原発事故の実に甚大な放射能被害の加害者は、国と東電である。

第一に、電力独占資本と国が癒着し、マスコミをも買収して原発は安全であるとの虚偽の「安全神話」を流布させ、国民の大多数を欺《あざむ》くことによって福島原発災害を引き起こした。

第二に、国と東電は共同して、地元の「原発の安全性を求める福島県連絡会」や伊東達也氏（元福島県議会議員、現・原発問題住民運動全国連絡センター筆頭代表委員）らによる、あるいは国会での日本共産党吉井英勝衆院議員らによる、大地震による大津波が引き金となって過酷事故が起きる危険があるとの警告と申し入れを無視＝ないがしろにすることによって過酷事故を引き起こした（丸山重威編著『福島原発事故報道』あけび書房、２０１１年参照）。

第三に、国と東電は共同し、原発は地震によって重大な事故を起こす危険があるとする科学者たちの「警鐘」を受けいれなかったことで事故が起きた疑いも濃い。

岩波『科学』編集部編の『原発と震災　この国に建てる場所はあるのか』は、「科学」者たちによるその「警鐘」を収録している。なお、編集部がこの本の副題において、「この国に（原発を）

建てる場所はあるのか」と問うたのに対し、冒頭の活断層評価に関する論文の共同執筆者は、補「注」において、この「問いに対して『否』と答えるものではない」と回答している。はたしてそうであろうか。

この『原発と震災』にも論文が収録されている元日立の原子炉設計者・田中三彦氏は、政府のホームページから得たデータを解析して、1号機の水素爆発は地震による原子炉の配管の破損による冷却材（水や水蒸気）の喪失によって引き起こされたとする結論を得（田中三彦「福島第一原発事故はけっして〝想定外〟ではない……議論されない原発中枢構造の耐震脆弱性」岩波書店『世界』11年5月号参照）、そのことを東電に問い合わせても東電は「まともに答えられない状況」にあり、「結局、配管の破損をみとめざるをえなかったので、私（＝広瀬隆）も、田中さんの説は間違いないと思います」というのである（『終わらない福島原発事故』たんぽぽ舎、11年7月参照）。

『原発と震災』においても科学者たちが「警鐘」を鳴らさなかった福島第一原発においてさえ、この程度の地震で原子炉が損傷し水素爆発を起こしたのであるから、地震大国の日本には安全な原発はないはずである。我われも全原発の廃炉を要求しなければならない。

以上の理由により、東電と国には「全面賠償」の責任がある。しかるに電力独占＝東電等の電力会社と国は癒着をやめず、「全面賠償」では破産が必至の東電を破産から守ることで、東電の役員報酬（一人の年報酬7000万円と聞く）と大株主＝都市銀行などの株主利益を守るために「原子力損害賠償支援機構法」を制定し、結局、賠償責任の大半を免責して部分賠償にとどめ、放射能を浴び風評被害までこうむった福島県民の被害の大部分を切り捨てようとしている。野田首相の11年12

月16日の一方的な原発事故「収束」宣言は、これを狙ったものとして、被災中の福島県民の怒りを買った。

(ii) 高利益のためなら破局的な危険にさえ目をつむる

原発事故の根は実に深い。ヒロシマ、ナガサキとは別の「平和利用」であると称し、日本の電力独占体と国が共同して原爆を投下した米国の原子力潜水艦の軽水炉を転用したGE型の原発を導入し(とくに福島第一原発は直接GEが設置した)、ウラン燃料の供給もアメリカに依存し、原発を当初の使用期限を改定・延長し、老朽・劣化させつつ稼働させ、スリーマイル島での事故よりもっとひどい原発事故を引き起こした。こういう意味で、世界最悪級の福島第一原発の事故も、対米依存的な日本国独資の電力版に由来したのである。

しかし、やはりこと原発に関しては米国のほうが先輩であり、大事故後の原発政策でも先輩であった。米国政府は、スリーマイル島での大事故に学んで国が危険であると認定した原発を停・廃止させた。ところが日本の政府は、日本の原発は安全であると偽り、再審査もせずに全原発を稼働させ続けることによって、電力会社に独占利潤を取得させ、「原発利益共同体」にその独占利潤をむさぼらせる政策を採り続け、フクシマの破局のあとでも国と独占資本が癒着して原発の再稼働に狂奔する政策を採り続けている。

なるほど政府は、マグニチュード8級の「想定東海地震」の震源域の真っ只中に建つ浜岡原発だけは稼働を停止させたが、それさえも津波対策等を追加させて再稼働を図っている。しかし大地震の直撃は防ぎようがない（前掲岩波『科学』参照）。しかも科学者たちが地震による大事故の危険を指摘してきたのは浜岡原発だけでなく、発電能力世界一の東電・柏崎刈羽原発についても危険であると「警告」し続けているのに、国と東電は「警告」を受け入れずに再稼働を図っている。この「警告」を受け入れない政策が福島の過酷事故を引き起こしたのに、それを改めようとしないのである。

日本国独資の電力版の原発政策は、それが依存した米国のそれとさえ違い、独占利潤のためなら確実に予想される破局的な危険にさえ目をつむるほど、国民の健康と生存権に無責任であるという点で、特異なものである。

2 「原発と震災」が提起している社会政策論

（1）両災害が提起した住宅政策問題

（ⅰ）仮設段階から定住住宅への壁

「原発と震災」は、ともに被災地において住宅を中心に生活手段を根こそぎ奪った。まず両災害による住宅の大量喪失のために生じた住宅政策問題を社会政策論の課題として取り上げよう。

現代の住宅政策には、一方における①生存権の主要な一環として住宅を公的に保障する政策と、他方における②産業労働力の確保や移動・再配置のための雇用住宅政策と、住宅建設投資により経済成長を増進するための住宅政策、つまり経済政策としての住宅政策があり、これが住宅政策の「二つの道」ということになる。この二つの道は、それぞれが公設公営住宅によるか、それとも住宅ローンの融資によるかでさらに「二つの道」に分かれる。①のためには、低家賃の公設公営住宅が最良であるが、低利の公的住宅金融による住宅の建設確保がこれに次ぐ。対抗的なのは、銀行から高利の住宅ローンを借りて自前で自宅を建てさせられ、長期の住宅債務者として高利負担によって銀行に搾取され続ける道である。

「原発と震災」の両災害による膨大な住宅喪失者に対する応急的な住居提供の典型は、過去の震災の場合と同様、2年間居住限定の仮設住宅である。この応急仮設住宅の提供は、①を主目的とするが、仮設の設置を大手プレハブ業者にマル投げした宮城県方式と、できるだけ地元業者に仕事を分与した福島県および岩手県方式とでは、震災復興への貢献度が異なる。

2011年8月現在、一方で、まだ半年経っても避難所を抜け出せず、「避難所暮らしはもう限界。早く仮設住宅に移りたい」(「毎日新聞」同年8月11日付)という緊迫した住居欠乏があった。他方では、仮設はすべて狭小であるうえ立地が不便な場合も多く、そういう仮設は埋まらないという現実があった。これらの問題は、主に仮設の提供とそこでの生活援助(とくに買い物や医療や通学の足として自治体が独自に定期バスを出すことなど)に支出される財政支出が足りないことに由来する。

「居住福祉」（早川和男著の岩波新書の題名）の欠乏である。

さて、仮設から定住住宅への移行には大きな壁がある。阪神大震災の場合には低所得・貧困の高齢者は都市部であったので公設の復興「マンション」に収容されたが、入居者は生活の共同性＝絆《きずな》を失い、孤立不安に苦しみ、孤独死者が多発した。このたびはそれを反省し、仮設への入居にあたっても旧来の地縁が考慮されたときく。コミュニティを保全する住宅政策が求められているのである。

しかし、仮設から定住住宅への移行においては、それが幾重にも困難なのである。

第一に、とくに今日の日本では、旧公団住宅を含めて公共住宅がごく少なく、その追加的建設がほとんど行われなくなっているので、公設公営住宅への入居は不可能に近い。そのために仮設から出される2年後までに市場原理の自助＝自己負担原則により、二重ローンなどの過重負担を背負いながら自宅を再建しなければならなくされている。しかし、被災者は仕事も失っている場合が多いし、高齢者も多いので、彼らは自前での自宅の再建ができない。そうであるから今こそ、国の住宅政策を大転換させ、被災世帯向けの低家賃の公設公営住宅を地元の建設業者を使って大量につくるべきときである。集団移住が必要であればなおさら、旧来のコミュニティを回復する公設公営住宅群を復興住宅群として建設し提供すべきである。公的住宅金融で一戸建てを誘導するときでも、コミュニティの絆を回復し保全する住宅復興計画の実現を図るべきである。

そうしなければ、住宅金融も得られず住居を再建できない高齢世帯や低所得・貧困世帯は、阪神大震災のときのように旧コミュニティから切り離された「復興住宅」に隔離・収容されて孤立させられるか、あるいは低劣な賃貸住居に分散・孤立させられるおそれが強い。しかも、まだ原発災害による住宅喪失者に対する復興住宅を提供する制度すらない。

そもそも震災前の日本は、「居住を保障しない国家」（前掲早川著6ページ）であった。早川氏がこう書いた岩波新書が出たのは1997年なのであるが、その後に、とくに小泉「構造改革」によって住宅政策はさらに改悪され、住宅の「貧困と格差」が極度に強められた。

ちなみに、やはり住宅問題と住宅政策が専門の本間義人氏の『居住の貧困』（岩波新書、2009年）によれば、戦後日本の住宅政策は、第1期が敗戦直後から1965年までの戦後復興期で、1950年制定の「住宅金融公庫法」の第1条（目的）にも、1951年制定の「公営住宅法」の第1条（目的）にも、日本国憲法25条の理念が書き込まれたことに象徴される住宅保障政策の建前が行われ、1955年制定の（中堅勤労者向けの）「住宅公団法」の第1条でもまだ住宅欠乏に対処し福祉の向上に資するとされた。

しかし、この公庫、公営、公団の「三本柱」で階層別に網掛けした公共住宅政策は、住宅欠乏者の一部を救済しただけであった。それらでは、おりしも1955年に始まる高度経済成長の中で大都市に引き寄せられた大量の労働力人口移動に対応できなかったのと、一挙大量に戸数を持ち家として増やすことで、所得倍増計画下に経済成長を促進し、あわせて労働者に家を持たせて保守化させ、企業別労資関係の協調主義化に資することが図られ、1966年制定の「住宅建設計画法」を画期にして持ち家による戸数増政策が躍進する。

ちなみに、著者は、このころ数年都内にいて、極度の住宅難に苦しみ、公団住宅落選30回で入手できる入居権を得ようと落選回数を稼いでいたのであった。この住宅難が著者の佐賀大学赴任による離京と東京都庁職員であった妻の離職をうながした大きな一因であった。

ともあれ住宅建設計画の七割余が民間資本による住宅開発にゆだねられたために、大都市の住宅は狭小高遠の度をまし、低所得・貧困階層の住宅難は悪化するにまかされ、そのあげく2001年からの小泉「構造改革」において公的住宅保障政策が放棄され、住宅問題をネオ自由主義の市場原理主義にゆだねることになった。特殊法人改革、三位一体改革と住宅関連三法の改定と「住生活基本法」の制定がそれである（前掲本間著、第4章）。

なかでも小泉「構造改革」の「三位一体改革」は、公営住宅の建設補助金をなくし交付金としたが、2005年度の公営住宅建設への交付金を前年度までの補助金の10分の1にまで減らした。公営住宅の新規着工は原則させない政策である。この住宅政策は、低家賃公営住宅を極力減らして資本の住宅関連市場を広げ、野宿ホームレスを増大させるなどして、住居の「貧困と格差」を極限にまで強めたのである。小泉「構造改革」による製造業への労働者派遣の拡張と2008年の大量「派遣切り」、「年越し派遣村」へのホームレス化した労働者の殺到は、「構造改革」による「居住の貧困」化、住宅の「貧困と格差」の激化を代表する事象であった（前掲本間著、まえがき）。

これに根本的に対抗する住宅政策は、生存権保障のために公的住宅保障を高める政策である。それは、両大災害からの公設復興住宅の大量提供を皮切りにして、今やすでに現役労働者の4割近くまでに膨張させられた非正規労働者世帯にも公的な住宅保障を行うものでなければならない。それに公的住宅金融を受ける資格を非正規労働者世帯にも一般化させることを含めてもよい。大震災に遭った非正規労働者世帯などには、公設公営の復興住宅の提供が最良であろうが、低利長期償還の公的住宅金融を一般化すれば、彼らが自宅を再建する場合にも大いに役立つはずである。

(ⅱ) コミュニティを再生させる住宅再建を

第二に、原発災害で町を追われた人びとは全国に分散し、故郷の町に戻りたい一心で辛うじてつながっているが、もう帰れないかもしれない不安が増す中で、その細い絆も切れそうになっている。2011年9月7日に放映されたNHKの「クローズアップ現代」は、避難させられた浪江町の商工会青年部の人たちと町長の追い詰められた苦悩を映し出していたが、これは故郷の旧居を、そしてコミュニティを奪って取り戻させない原発事故の共犯者たちの罪の重さを改めて銘記させるものであった。青年部の人たちは集団移住を提案していたが、避難民の住宅問題を自助責任に転嫁させることを許さずに国と東電の責任において早急に解決させなければならない。それはコミュニティを再生させる住宅再建でなければならない。

可能ならば2年以内の徹底的な除染か、それが不可能なら故郷から遠くない土地への集団移住による町の再建である。そうすれば、住宅の再建を自助責任に帰すこの国の生存権保障に無責任な政策を、人びとがコミュニティを形成し人間の絆の中で生きる生存権を保障する住宅政策に変える転機にもなりうるであろう。

（2）当面する生活保護政策論

（ⅰ）補償金を理由にした生活保護打ち切り

大震災と原発災害は、ただちに生活保護政策をめぐる新たな対立を引き起こした。大震災と原発災害は生活困窮者を増大させた。２０１１年8月5日付の「朝日新聞」によれば、厚生労働省発表の被災による生活保護受給の開始世帯が８１９世帯で、うち福島県が過半の４２９世帯であるという。ところが、保護の要否判定＝決定権を持つ地方自治体の福祉事務所は、原発事故の仮払い補償金や義援金を収入とみなし、保護を打ち切る動きを早くからはじめ、8月1日までに３４１世帯（仙台市を除く）を打ち切ったという（「しんぶん赤旗」２０１１年8月14日付）。

この保護の打ち切りに「生活と健康を守る会」は強く抗議し、日弁連や「反貧困ネットワーク」や「生活保護問題対策会議」は、生活の回復＝「自立助長」（保護法1条）に充てられる補償金や義援金を収入とみなし保護を打ち切るのは違法かつ不当であると抗議し、厚生労働省に是正を要求した。厚労省は、5月2日付の自治体宛通知で、義援金を一括して（つまり全部は）収入に認定しないよう指示した。１９８０年代の臨調「行革」で保護費の自治体負担分を20％から25％に引き上げられ、財政を窮迫させられてきた自治体が、厚労省のこの術策を利用し、次のような方法で保護を打ち切り、抗議と再審査の申し立てを受けている。

北海道内には、6月16日現在で被災地から2165人が避難していた。南相馬市から自宅が津波で全壊したうえ原発事故で被災し札幌の市営住宅に避難した男性（63歳）が、東京電力から75万円の仮払い補償金を受けたところ、厚別区保健福祉部は、15万円だけを「自立更生資金」と認定し、残り60万円を収入として生活保護を打ち切った。この男性はこれに抗議し、その撤回を求め、道知事に指導・助言を求めたという（「しんぶん赤旗」11年7月7日付）。

ちなみに、高橋はるみ道知事は、原発推進省ともいえる経済産業省の官僚出身で、北海道電力お抱えの知事である。彼女の資金管理団体＝萌春会の会長は、北電の前会長であり、彼を含めて北電の歴代役員が定額献金を貢いできた（「しんぶん赤旗」11年9月7日付）。これまた構造的癒着の一端である。そうであるからこそ彼女は、福島原発事故のあと全国で最初に泊原発3号機のプルサーマルを用いての再稼働を認めたのである。これまた破廉恥な北電の「やらせメール」の指示も内部告発によって発覚し、3号機の再稼働は、当面保留となった。高橋知事の「指導・助言」は当てにはならないかもしれないが、保護打ち切りの撤回要求は、「朝日訴訟」と同様の力を強める。8月時点で義援金等の受領を収入とみなされ保護を打ち切られた世帯は、南相馬市だけで233世帯に上り、そのうち3人が福島県に不服審査を申し立てていた。この審査請求に対し、福島県は同年12月21日付で南相馬市の決定を取り消す裁決を行い、通知した。日弁連の支援と、筆者も代表に名を連ねる福島県社保協の対県交渉なども役に立ったはずである。

（ⅱ）生活保護闘争の積み重ねと成果

生活保護を「人を殺す」ほど抑えても、貧困激化のもとで組織的にたたかえば要保護者を被保護者にすることが出来てきた。5年ほど前までは、ネオ自由主義の国独資が「人を殺す」生活保護政策を強行していた。

しかし、「朝日訴訟」運動がそうであったように、「生活保護法」の第1条が明記した憲法第25条の理念は、「派遣村」でも復活し、保護の一斉請求で保護の一斉決定を獲得した。

長い生活保護闘争の積み重ねが、確実に成果を上げ続けている。「生活と健康を守る会」中心の持続的な生活保護闘争は、保護受給者数を1996年の88万4912人から最近（11年7月現在）の205万余人にまで持続的に増大させてきた。そして厚生（労働）省がヤミで推奨した「ヤミの北九州方式」の生活保護行政が連続的に「人を殺す」にいたって、それを糾弾し、是正を要求する果敢な組織的闘争が、それ以前の生活保護闘争に加わって、最近は「人を殺す」ほどの生活保護行政をやめさせているようである。

それでもネオ自由主義の国独資による生活保護抑制政策は、執拗に続くのである。

最近の生活保護受給者の増加の主因は、「雇用悪化」（「毎日新聞」11年7月27日付）であり、「失業者の受給増」（「朝日新聞」11年1月22日付）であるのに、民主党政権はこの増加を抑えるために、かなり前に米国が導入した保護の「有期制」と就労強制をたくらんでいる（「しんぶん赤旗」11年8月8日付）。これは古くは英国の救貧法のもとで失業者に低賃金労働を強制して公的救貧から遠ざけたのと同類の政策である。就労を強制するのではなく、失対への就労のように、自主的に就労し団結もできるものであればよい。それだけ積極的に生活保護も減らせるのである。しかし、ネオ自由主義の国独資の政策は、たたかう労働組合が構築してきたセーフティーネットを壊してきた。

今は、失業者が災害復興の公共事業に自主的に就労するのを支援する政策を提案したい。これは積極的に要保護化を防ぐ防貧政策となるであろう。

（3）浮上する失業問題と雇用政策論

（ⅰ）「公正賃金」で公共事業に就労できる制度で勤労権の実現を

「原発と震災」は、生活保護費の増大の抑制・低賃金就労強制政策を緊迫させた。これに対しわれわれは、「権利としての生活保護」か、それとも災害復興公共事業等への「公正賃金」（公契約により支払われる各地域の正規雇用賃金相当の賃金）での就労か、の要求を対置する。

敗戦直後から失業労働者の労組＝全日本土建一般労働組合や（後の）全日自労は、失業反対＝「仕事（をもっと）よこせ」と要求してたたかった。当初、その激しいたたかいと大量失業下の共産党の勢力増大に直面した米占領軍と日本政府は、これに対抗すべく、朝鮮戦争の前夜、松川事件の直前の1949年5月20日に「緊急失業対策法」を制定し、8月末から失対事業を始めた。しかし、その就労は、週に1～2回で定額日給240円（ニコヨン＝100円を「1個」として「2個4」

との意）しか得られず、食えない賃金であった。失対労組は、もっと「仕事よこせ」と激しくたたかい、就労日と賃金収入を増やし、失対への財政支出を増やしていった。彼らは、社会保障闘争でも先頭に立ち、社会保障支出をも増大させた。

戦後日本の国独資が米国に従属・依存して危機から脱し、１９５５年以降、経済成長を軌道にのせると、失対労組と失対事業をつぶして（半）失業＝低賃金労働者を未組織の低賃金不安定就労（非正規雇用）に回す政策を採った。全日自労側の粘り強い失対廃止・失業反対＝雇用保障要求の闘争が１９９０年代までたたかわれたが、95年に緊急失対法が廃止される。そして99年に労働者派遣を原則自由化する法改定が行われたのである。

（ii）失業保険給付か失業扶助給付で生存権保障を

失業に対するセーフティーネットの社会政策は、一方では、失業者の就労のための公共事業政策（日本の「失業対策事業」政策）と、他方での失業者「職業紹介」と失業保険である。ところが、日本のネオ自由主義の国家は、たたかう労組＝「全日自労」をつぶし失対事業へ公共的支出をなくす政策を本格化させ、失業による生活困窮＝要保護化への就労保障によるセーフティーネットをつぶしてしまった。その結果、失業はそのまま要保護者の増大となった。

もちろん、失業したとき短期失業対応の「雇用保険制度」という「失業保険制度」の、「求職者給付」という短期の失業者給付を受けることができれば、その間は要保護状態に陥らない。もちろん、これはこれで部分的に機能している。

しかし、現在、失業者のうち失業給付を受けられる受救給者の比率は低下して2割程度なのであるから（五石敬路著『現代の貧困ワーキングプア』日本経済新聞出版社、2011年参照）、要保護化を防ぐ「防貧」機能は極度に低い。そこで現役労働者の4割に迫った各種の非正社員のすべてに、労災保険並みに失業＝雇用保険の適用を拡張することと、公正賃金での就労保障ができない失業者には失業給付期間を延長し、なおかつ、保険給付の切れた失業者に「失業扶助」を給付する制度をつくることが求められるのである。

（4）現代貧困化の基点と雇用の非正規化の激増

（ⅰ）非正規を低賃金での雇用の調節弁として

総務省統計局の「労働力調査」による「非正規雇用比率」（2011年〔平成23年〕版『労働経済白書』）は、1985年以降ほぼ一貫して上昇傾向をたどり、とくに500人以上規模の大企業では1995年以降に増勢をつよめ、2008年には32・6％に達した。

大企業がネオ自由主義的に非正規雇用を増やしながら非正規雇用を雇用調整の調節弁とする、つまり「使い捨て」要員にする雇用管理戦略は変わっていない。

2010年（平成22年）版の『労働経済白書』は、この傾向について以下のように指摘していた。

「1990年代後半になり、どの企業規模においても非正規雇用比率は上昇したが、特に、500人以上の大企業で上昇が始まり、2000年代に入ると、その上昇テンポはさらに高まった」（185ページ）。「非正規雇用の増加は、正規雇用者、非正規雇用者を含めた雇用者の平均賃金を引き下げる方向に作用してきた」（187ページ）。「非正規雇用比率の上昇は、…同時に、相対的に賃金水準の低い者の増加を通じて、我が国の雇用者における収入格差を広げることとなった」（188ページ）。35歳未満の若年層では、非正規雇用比率が90年代前半までは「他の年齢層に比べて低い水準にあったものが、1990年代の半ば以降、急速に上昇し」、「この層での収入格差を生み出した」（191ページ）。

この90年代半ばの95年は、財界の労務部であった日経連が『新時代の「日本的経営」―挑戦すべき方向とその具体策―』を発表した年である。これは、グローバルな競争の中で大企業の雇用コストを極力切り下げて競争力と高利潤を強めようとした雇用管理戦略であった。財界のこの意向にこたえ一般化して展開したのが、「わが国の高コスト体質の是正」をうたってのネオ自由主義の「構造改革」であり、とりわけ小泉「構造改革」であった。

小泉「構造改革」は、労働者保護規制をぶっ壊して非正規雇用とワーキングプアを激増させ、「貧困と格差」の増大を顕在化させて社会問題化し、それを批判したたかう側からの「反転攻勢」に導いた。そのため自公政権は不安定化し、短期交代したあげく、2009年8月の総選挙で大敗し、民主党に政権を明け渡したのである。

（ⅱ）「派遣切り」と雇用を守るたたかい

そのネオ自由主義の代表的な雇用社会政策は、「労働者派遣法」とその改定によって派遣労働を合法化し拡張する政策であった。この政策は、同法の制定による限定適用から１９９９年の法改定による適用の原則自由化へ、そして小泉政権下２００３年の法改定による２００４年４月からの製造業への拡張によって派遣雇用を急増させ、「貧困と格差」を増大させた。こうして急増させられた派遣雇用は、２００８年に金融危機が産業をのみこむや、大企業の「雇用調整」＝リストラの手段とされ、急激な大量「派遣切り」が強行された。

「貧困と格差」の拡大は、われわれの側からの「反転攻勢」を招いた。著者は、この「反転攻勢」に拙著『障害者とその家族が自立するとき――「障害者自立支援法」批判』（創風社、２００７年２月）と拙著『医療費窓口負担と後期高齢者医療制度の全廃を――医療保障のルネッサンス』（同、２０１０年10月）を上梓して参加した。この「反転攻勢」の渦中での大量「派遣切り」は、多くの派遣労働者の生存を危うくし、「年越し派遣村」に始まる強烈な社会的反撃を受けることになった。

ネオ自由主義の雇用保障規制の「緩和」＝解体政策に反対して雇用保障の「再規制」政策を定立しようとするとき、西谷敏氏の『人権としてのディーセント・ワーク　働きがいのある人間らしい仕事』（旬報社、２０１１年）などは、大きなよりどころとなるであろう。労働と人間の尊厳を保障するためには、低賃金労働の「使い捨て」としての「有期雇用」も「労働者派遣」も原則的に廃止されなければならない。「派遣切り」への強い批判を受けて一部に「労働者派遣」雇用から有期の直（接雇）用に転換する動きも見られるが、それもまた労働者の「使い捨て」政策である。

いずれにせよ、「派遣切り」への強い社会的な反発と、違法解雇と偽装請負を告発し告訴するたたかいは、大企業の非正規雇用化の雇用管理を再規制する方向に作用してきた。民主党政権は、「専門26業務」に限って登録型派遣を容認する再規制法案を２０１０年の通常国会に上程し、継続審議となっていた。

２０１１年11月16日の報道によると、財界の要求通り、製造業派遣雇用と登録型派遣の原則禁止案を撤回して決着させることに、民自公間で合意したといわれる。公約裏切りの極みである。

なお、２０１１年版『労働経済白書』３１０ページの付表３―（２）―３表の非正規雇用比率の推移（企業規模別）によると、５００人以上規模では08年以降微減しているのは、主に「派遣切り」のせいであろうが、部分的には「反転攻勢」と「再規制」の圧力を受けて雇用管理を微調整しているせいなのかもしれない。しかし、そのしわ寄せを受けてであろうか、小企業（１～29人）での比率は09年の37・９％から10年に39・４％に跳ね上がり、それに牽引されて企業規模計は09年の比率がちょっと下がっただけで10年の34・２％へと持続的に上昇してきた。これは総務省「労働力調査」によったものであるが、厚生労働省が11年８月29日に発表した「就業形態の多様化に関する総合実態調査」（２０１０年、５人以上の民間事業所対象）によれば、「非正社員」の比率が38・７％で、前回07年の同調査の37・８％を上回った。

(5)「相対的貧困率」と「貧困化」

(i)「相対的貧困率」の概念と貧困の絶対的増加

2010年版『労働経済白書』の第3―〈3〉―7図によると、年収が100万円近傍と300万円近傍に山がある非正規雇用の増加が大きく、「こうした動きが、中位数よりも低い層の増加をもたらすことで雇用者全体の〈年収・著者注〉格差を拡大させている」と述べていた(190ジペー)。この流れの中で中位数の半分未満(非正規雇用)の賃金稼得層が全体に占める比率＝「相対的貧困率」も上昇しているのである。そしてそれは年収格差の拡大を表すものとして扱われ、「貧困」の増大＝端的な「貧困化」を表すものとしては扱われない。この点に「相対的貧困率」の概念の罠《わな》がありそうである。

そもそも、労働者階級の賃金収入の「中位数」は、「平均賃金」に相当し、その平均賃金が非正規雇用の増大によって低下し続けてきたのであるから、その平均賃金未満の労働者の年収は、絶対的に低下してきた。これを数量的尺度でみた労働者階級の広義の「貧困化」であるとし、この平均の半分未満階層が全体に占める比率を「相対的貧困率」に相当すると見ると、こうなる。平均賃金は2006年でも年収400万円弱であり、その半分未満は200万円未満であり、非正規雇用の賃金の大半がそこに入る。そうであるから非正規雇用の増大は、生活保護基準相当の200万円未満のワーキングプアの増大となる。その規模が相対的にばかりでなく絶対的にも増え続けているのである（日本弁護士会連合会編『労働と貧困　拡大するワーキングプア』あけび書房、２００９年参照）。労働者階級内での「相対的貧困率」の上昇は、ワーキングプアの絶対的な増大、「貧困」の絶対的な増大＝「貧困化」の反映なのである。要するに、相対的に貧困な労働者階層の絶対的な増大の中で、絶対的に貧困な労働者層＝ワーキングプアの絶対的な増大という狭義の「貧困化」が進行しているということである。

そして、この働く貧困階層の増大につらなって生活保護受給者が絶対的に増大し続けたのである。ワーキングプアには蓄えがほとんどなく、失業すれば直ちに要保護状態に陥る。前記のように近年の生活保護受給者の増大の主因は、その雇用悪化＝失業の増大にある。「相対的貧困率」の上昇＝中位の所得の半分未満の人が全体に占める比率の増大は、こういう文脈の中で、「貧困」の絶対的増大を反映するものでありながら、「格差」の拡大に過ぎないように見せかけている。

２０１１年7月13日付の新聞各紙は、12日に公表された厚生労働省の２０１０年「国民生活基礎調査」で、国民の可処分所得の中央値の半分未満の（貧困）層の比率を示す相対的貧困率が２００9年に16・０％となり06年度分についての前回調査の15・7％より悪化し、１９８５年以降で最悪となったこと、17歳以下の「子どもの貧困率」は15・7％で、これまた前回より1・5ポイント高まって１９８５年以降で最悪となったこと、片親世帯など大人一人で子どものいる世帯の貧困率は、50・８％に達していることなどを報じ、「原発と震災」という二重苦にあえぐわれわれに衝撃を与えた。

(ⅱ) OECDの「貧困率」と社会政策の「逆機能」論

わが国の「貧困率」が高いことを指摘してわれわれに強い衝撃を与えたのは、OECD（経済協力開発機構）の2006年度の『対日経済審査報告書』であった。その『報告』は、1990年代後半期以降、国民の中での可処分所得が中位未満の低所得者の割合を表す「貧困率」が雇用の非正規化によって顕著に高められたこと、2003年度の貧困率は加盟30ヵ国中4位の高さにあったことを指摘した。それはまた、子どもの貧困率を国際比較し、日本のそれが14・3％でOECD平均の12・2％を上回り、しかもこの傾向が高進する可能性を指摘したほか、母一人子一人の母子世帯の貧困率が57・9％でOECD平均の21・0％の3倍に近く、突出していることにも注意をうながした。

しかも問題は、その原因である。2007年7月にまとめられたOECDのワーキングペーパー『日本における所得格差と貧困と社会保障費』では、1990年代の半ばと2000年のそれぞれにおける「相対的貧困率」を国際比較して、日本の貧困率は、労働年齢の市場所得ベースでは低い方なのに、可処分所得ベースでは著しく上昇しワーストクラスとなること、その原因は、雇用の非正規化によって市場所得の格差が拡大したことのほか、税制と社会保障による所得の再分配が最悪でマイナスであることが大きい、と報告している。

このことは、税制と社会保障による所得の再分配によって子どもの貧困率が上昇するのは、先進国の中では日本だけであるという関係にも現れていた。2006年度のOECD報告によれば、日本が＋（プラス）1・4％であるのに対し、OECD（23ヵ国）の平均が（マイナス）8・3％、アメリカ（マイナス）4・9％、カナダ（マイナス）7・5％、ドイツ（マイナス）9・0％、イギリス（マイナス）12・9％、フランス（マイナス）20・4％である。税制と社会保障のために貧しい大人も子どももいっそう貧しくなるとは、日本は大変な国である。

大沢真理氏は、日本における近年の社会政策が「貧困と格差」をかえって悪化させているという意味で、これを「逆機能」であると規定した（社会政策学会編『社会政策』第1巻第2号の巻頭言、2009年など）。また、阿部彩氏もこの傾向を『子どもの貧困―日本の不公平を考える』（岩波新書、2008年）において具体的に検証している。

こういう「逆」という規定に彼女らの批判的な立場が示されているのであり、その批判は正しい。ただ、「国家独占資本主義社会政策論」の観点と方法からいえば、「戦時社会政策」をはじめとして、社会政策が国家による抑圧と収奪の機能を前面に押し出すことはしばしばあることであり、それを含めての国独資の社会政策なのであるから、「反福祉機能」とでも規定する方が分かりやすいであろう。

日本では労働者派遣制度などによって雇用の非正規化を強めてきた雇用政策も、マイナスの所得再分配を行う社会保障も、明らかに反福祉的な社会政策である。国独資の社会政策においては、福祉国家的な社会政策と反福祉国家的な社会政策の「二つの道」または「二つの側面」がせめぎあっており、とくに日本では反福祉的な社会政策が突出しているということなのであろう。

なぜそうなるのか。やはり、大企業の企業別労働組合型の主流派の日本労働組合運動が雇用の劣悪な非正規化を規制する力を持たなかったし、社会保障闘争の主体的能力を欠いていたこと、日本の大企業と国家はこういう企業内労組とその組合員を包摂し、それを社会的な基盤として社会保障闘争を抑えこみ、ネオ自由主義的な「構造改革」によって社会保障を、とくに所得に逆進的な保険料と利用者負担によって介護保険や医療保険等の社会保険を、反福祉的な社会政策に転換させてきたということになるのであろうか。

（6）「税制と社会保障の一体改革」に抗して

（i）「貧困と格差」のいっそうの拡大

われわれが「原発と震災」に苦しんでいるとき、その前からでもあるが、民主党政権は「税制と社会保障の一体改革」を掲げていた。今や菅内閣のもとで財務大臣として「税と社会保障の一体改革成案」を主導した野田佳彦が首相となった。野田内閣は、２０１０年代半ばまでに消費税率を10％に倍増する法案を２０１２年の通常国会に提出することとし、社会保障経費をその枠内に押さえ込む社会保障「構造改革」を行うべく、審議会での審議を急がせている。

この政策路線は、自公政権による「構造改革」政策の更なる展開となり、税制と社会保障の「反福祉機能」を強め、「貧困と格差」をいっそう激化させること、必至である。

(ⅱ) 国保保険証の取り上げと社会保障の貧困化

その「一体改革」の一回目は、すでに90年代半ば以降に実施済みで、それが「貧困と格差」の増大＝「反福祉機能」を顕在化させたのである。消費税率を3％から5％に引き上げることに牽引させて「社会保障構造改革」の第一歩にしてそのフロントランナーとして介護保険制度を成立・施行させた過程がそれである（拙著『社会保障の保険主義化と公的介護保険』あけび書房、1996年）。金持ちと大企業に減税し、低所得・貧困階層ほど負担が重い消費税を増税する税制改悪と、所得に逆進的な保険料と定率の利用者負担を社会福祉サービスにまで拡張し、社会福祉を公設市場でサービスを売買させる仕組みに変えた収奪的な「社会保障構造改革」が、税制と社会保障の反福祉機能を突出させたのである。

しかも、介護保険料をあまねく徹底的に取り立てるために、1997年の「介護保険法」の制定に際し、介護保険料を国民健康保険料〈税〉と込みにして徴収するために国保法を改定し、国保料〈税〉を1年以上滞納した者には保険証を交付しない懲罰を自治体に義務付け、これを「介護保険法」の2000年4月実施と同時に施行し、保険証がないために医療を受けられず命を落とす人さえ出て、国保も「人を殺す」ことへの抗議、保険証未交付をやめさせるたたかいが広がった。地方でばかりでなく国会でも、とくに子どもがいる世帯への保険証未交付が糾弾され、短期保険証の交付などの修正措置が講じられた。

雇用悪化と収入低下のために国保料を納められない世帯が増え、国保税の収納率が低下し、09年度に過去最低の88・01％にまで落ちこむ中で、自治体による国保税の未納者の差し押さえが急増している。朝日新聞社が19の政令都市と東京23区に照会したところ、回答のあった37市区では差し押さえ件数が10年度までの4年間に4・96倍（約5倍）、差し押さえ金額で4・6倍に達したという（「朝日新聞」11年8月29日付）。１９８４年、退職者医療制度を設けることを理由に国保への国庫補助を45％から38・5％に切り下げたために「国保税」は、大幅に引き上げられ、以後、高齢化と実質国庫負担率の20数％への引き下げに伴って国保税率は、昂進してきた。

「国保中央会によると所得に占める1人あたり保険料負担（２００８年度）は大企業の組合健保が3・1％、中小企業中心の協会けんぽが4％なのに対し、国保は10・5％」であり、所得に対し完全に逆進的であり、この医療保険という社会保障の中核的制度は、所得の再分配をマイナスにしている典型である。

個人タクシーを営む業者（63歳）は、糖尿病の悪化でハンドルを握れない日が多く、昨年の収入が年金を入れて約80万円、その3人世帯の今年の保険料がなんと約13万円、その家庭に滞納額30万円分として、中学3年の娘の進学用に積み立てていた簡保貯金が差し押さえられ、その一部しか払えなかったためにその簡保の預金は換金され取り上げられたというのである（「朝日新聞」同日付）。明らかに憲法第25条を否認する「苛斂誅求《かれんちゅうきゅう》」である。ここでも社会政策制度が貧困化を促進している。

いま、野田民主党政権がすすめている「一体改革」は、最悪の逆進的大衆収奪税の消費税率を5％から10％に倍増させ、それに社会保障の総改悪を連動させるものである。

3 原発廃棄のための社会政策論

(i) 原発とその被曝労働の反人倫・反人権性

かねてから原発被曝労働は、問題にされていた。たとえば、1996年刊行の藤田祐幸著『知られざる原発被曝労働―ある青年の死を追って―』(岩波ブックレットNo.390)は、原発が多数の下請け労働に依存し、その下請け作業員は、時に致死的な強い放射能を浴びながら無権利状態で働かされていることを、告発していた。それによれば、原発の現場労働者は、制御室で通常なら放射線から防護されて制御労働を行う(ただし今回の原発事故では彼らも被曝した)電力会社の少数社員と定検時に動員される多数の下請け作業員に大別される。その下請作業員にも階層があり、その第一は、恒常的に原発の制御系や保安系の維持管理に当たるグループであり、第二は、原発部品メーカーが各部品の保守管理のために派遣する下請け労働者であり、第三は、現場の除染のための清掃など底辺労働を担う作業員で、「農村や漁村からの出稼ぎ労働者や都市スラムの失業者などがこれに従事」したという。

しかし、筆者を含めて大多数が原発被曝労働問題に目覚めたのは、福島の原発事故によってであろう。2011年6月1日現在、約8700人が福島第一原発の事故処理作業に当たっており、彼らを雇う会社のうち東電と請負契約を結んでいるのは、44社だけで、原発現場労働の主役をなす孫請け・ひ孫請けの作業員について、東電は、関知していなかった。

参議院の日本共産党田村智子議員が予算委員会で福島第一の下請け関係の資料の提出を求めたのに対し、東電は、下請け企業が５２１社に上り、そのうち最多が福島県の１５９社で、東京都の１４６社がそれに次ぎ、27都道府県に及んでいることを報告した。また、その約８７００人のうち、内部被曝を検査するホールボディカウンター測定終了者数が約３７００人であったという。堀江邦夫によると、その測定結果は当人にも知らされなかったという（堀江邦夫著『原発ジプシー　被曝下請け労働者の記録』現代書館、初版１９７９年、増補改訂版２０１１年）。

政府は、原発被曝労働許容基準を従来の１００ミリシーベルト（ｍSv）から、福島原発の過酷事故の処理にあたって厚労省労働基準局の承諾を得、「労働安全法」の省令を改定し、２５０ｍSvに変更した。かかる被曝許容基準は、人倫と人権にそむき、労働基準＝労働者保護のナショナル・ミニマムの原理・原則にそむくばかりでない。過去に原発被曝労働に就労してガンを発症し、（めったには認められない）労災補償の認定を受けた10例中９例の累積被曝量が１００ｍSv未満であったこと（「毎日新聞」11年７月26日付）に照らしても、２５０ｍSvの被曝許容は、原発労働者を戦場で死地に追い込むようなものである。しかも、それをさえ超えて被曝する労働者が相次いだ。強い批判と現場の被曝線量の低下を考慮してのことであろうが、厚生労働省は10月14日に、新規に働き始める原発労働者だけの被曝許容基準を過酷事故前の１００ｍSvに戻す手続きを行うこと、それ以外は２５０ｍSvのままとすると発表した。また第一原発では９月末までに約１万９０００人の作業員が働き、そのうち計100mSv超の被曝作業員は137人で、その全部が3月中現場にいた人であると発表した。100mSvでさえ、癌《がん》の発症を強めると疫学的に認定されている被曝量なのである。かかる「労働基準」を課さざるを得ない原発事故は、既成事実としても受け入れられず、過酷事故の危険を伴う原発は、人倫と人権に照らして存在が許されず、廃棄されなければならない。

（ⅱ）原発被曝労働を成り立たせている「失業と貧困」

そもそも原発での被曝労働は、戦後の国独資が原子力の「平和利用」と称して生み出した原発を稼働させるため、国独資が人民に課した「失業と貧困」による窮迫労働に寄生して成り立たせているものである。

そのためにも、まず原発被曝労働とそれを余儀なくさせる窮迫の実態とそのメカニズムを明らかにする必要がある。おそらくそのメカニズムは、非正規のワーキングプアを増大させているそれと重なり、その最悪のコースをなすはずである。

しかし、実態は、周到に隠蔽されている。1980年末にまとめられた原発下請け労働者2000名を対象とした調査報告『原子力発電所からの声―作業従事者実態報告』が、発表直前に電気事業連合会からの圧力で発表されずじまいになった（前掲堀江著、327～329ページ）。情報隠蔽は徹底しており、通常は匿名の関係者からの聞き取り以外に方法がない。

先の堀江邦夫著『原発ジプシー　被曝下請け労働者の記録』は、1978年の秋から79年の春にわたる半年あまりの間の自らの被曝下請け労働の体験手記である。彼はひ孫請けの手配師的な「親方」が社長である個人会社の日雇い労働者として、関電美浜原発と東電福島第一原発と日本原電敦賀原発で働き、「防護服」を着用し被曝におびえつつ働く苦しい被曝労働の実態をリアルに記録している。また、彼がマンホールに落ち肋骨を折ったとき仕事を休んで連日看護してくれた大阪「釜ヶ崎」出の「橋本さん」（仮名）との交友や、福島第一原発就労時の地元の若い労働者たちの様子なども記録し、原発に働く労働者たちの労働市場と人間像を示唆している。

原発の定検は、当時「原発ジプシー」と呼ばれた原発渡り歩きの日雇いや、釜ヶ崎などの日雇い労働市場から手配師を通じて調達される素人労働者に相当依存していたという。その後、近年になるほど原発の発電コストを引き下げて利益を増やすために、定検が短期化・簡略化され、親方を通じての技能や経験の伝承も切り捨てられた。そうであるからこそ、手配師は、「派遣切り」などに遭って窮迫した未経験者を集め、原発被曝労働に就かせることが出来たのである。こういう労働手配業者は、派遣労働者をも使い、自ら「派遣切り」もしている（川上武志著『原発放浪記』宝島社、２０１１年）。また、釜ヶ崎や山谷の場合と同様に、手配師が暴力団の組員や元組合員である場合もある。元「組員」は、「組関係を通じて、人を集めてくれないかと頼まれるんだ」と証言している（「しんぶん赤旗」11年9月4日付）。定検がこういう反社会的なヤミの労働世界にも依存しているのであるから、原発とその労働の安全性は、成り立たないわけである。

もう一方の日雇労働者の供給源は、雇用が過疎化していてほかに仕事がない原発立地の地元などの農・漁村の「相対的過剰」労働力である。彼らは、原発労働での放射能被曝を気にしながら、やはりほかに仕事がないために被曝労働に就いている。九電玄海原発も北電泊原発も雇用過疎地に立地し、地元の相対的過剰労働力にも被曝労働の機会を提供しているが、東電福島第一、第二原発が立地する双葉郡域もそうである。第一原発がその両方にまたがる大熊町と双葉町を含むこの地域は、もともと農業と漁業を主とし、かつては中小の炭鉱が多かった常磐炭田に隣接したためそこに過剰労働力を供給していたのであろうが、1950年代末までに常磐炭田の炭鉱も壊滅した。双葉郡域の雇用過疎が深刻となり、町村民の家計と町村財政の貧困化が進んだ。福島第一原発は、そういう時期の1966年から雇用と地方財政の過疎化＝貧困化に乗じて誘致されて建設され始め、原発の建設から被曝労働にわたってとにかく雇用機会を提供し、町村には電源三法交付金をはじめ多額の財政資金を注入させることになった（清水修二著『原発になお地域の未来を託せるか』自治体研究社、2011年）。

こうして雇用と財政の原発依存に足をとられているうちに原発は大破し、その放射能被害は原発から得たすべての経済的利益と比較しても桁違いに大きな経済的被害をもたらしたうえ、計り知れぬ将来不安と生存権および健康権の侵害をもたらしている。

福島原発の大破による放射能被害の広がりと原発被曝労働の現実は、原発廃棄のための社会政策論の構築を迫っている。

（iii）核兵器廃絶と原発ゼロに向けての社会政策論

核兵器と原発を廃絶するためには、被曝生活と被曝労働を余儀なくさせる貧困と窮迫労働を許さない労働・社会運動と社会政策的規制が必要である。

その社会政策は、とりあえずは第一に、労働時間を制限し、就労機会を増やし、失業による貧困を減らすことである。「労働基準法」の第36条による三六協定によって残業を合法化しているために、日本がいまだに批准できないでいるＩＬＯ第1号条約を批准し、1日8時間を超える残業を原則禁止することで就労機会を増やすことができる。また、継続する事業では有期雇用と間接雇用を原則禁止する。失業に際しては、失業扶助制度を加えて、失業者の生活保障を改善する。

第二に、時間賃金の最低賃金を1000円以上に引き上げるなどして年収200万円を割るワーキングプアを減らし、不当な時間当たり賃金の差別を禁止し、平均賃金水準を引き上げる。

そして第三に、一方で実質賃金と可処分所得の向上のために消費税をなくし、間接税は奢侈《しゃし》品、タバコ、酒類に限る。租税は累進的な所得税と法人税を中心とする。年収200万円未満の人には、国保税を含めすべての税を課さない。社会保険料も低所得者には免除し、上限をおかずに所得に比例させ、サービス給付は平等にする。

さらに第四に、公営住宅を増やすなどして最低限度の住居は、これを保障する。また幼児保育と大学院までの教育は、すべて無償とする。子どもの養育と高齢者介護は、社会的に保障する。子どもの貧困をなくし、ジェンダー差別を禁ずる。医療および福祉サービスの窓口負担＝利用者負担を廃止する。保育と教育と医療と福祉で働く人を増やし、彼らの賃金・労働諸条件を改善する。最低生活に必要な傷病手当と高齢および障害年金等は、これを保障する。それでも最低生活費を支弁できない人びとには、日本国憲法第25条の理念を具現する公的扶助が給付される。

これらの改革によって原発被曝労働を余儀なくさせる貧困と窮迫労働の全廃を図り、原発を成り立たなくさせることを、とりあえずの提案としたい。もちろん、それらの成否も、原発ゼロ運動を含む社会・政治運動にかかっている。

あとがき

1933（昭和8）年1月26日生まれで83歳の著者は、近年までの半世紀を越えた大学教員職を辞したあとも読み書きをし、あわせて「福島・伊達精神障害福祉会」の理事長と「福島県精神保健福祉会連合会」の会長も務めている。この障害者福祉活動は、十有余年精神を病んだあげく、心筋梗塞で、2001年1月8日の午前2時26分に36歳で夭折した息子「宏実」との縁で、1995（平成7）年の3月11日に立ち上げた家族会（当初の正式名称は、「福島保健所管内精神障害者家族会」（通称はいまも同じ「ひびきの会」））の会長となって以来の活動である。

いま思うことの最大級の一つは、日本を「戦争国家」に転落させようとする安倍自公独裁内閣の暴走を糾弾し、「日本国憲法」の平和主義をいっそう発揚させることである。「平和的生存権」こそ、戦争弱者でもある障害者たちを含むすべての人の、命と暮らしを守る必須条件なのである。戦争は、大量虐殺を犯す最大の国家犯罪である。ところが、安倍自公独裁政権は、2015年9月に、広汎・強力な反対運動があり、元最高裁長官や元同判事でさえ違憲であると判定した「戦争法」（「安保関連法制11法案」）を強行可決した。

これは、安倍自公独裁政権が「日本国憲法」の前文と第9条が謳う平和主義の原理を変えないいま、実質、骨抜きにし、日本を「戦争国家」に転落させようとする戦後最凶悪のクーデターというべき暴挙である。社会政策、社会保障を研究してきた者として、安倍政権の暴挙は断じて許されない。いまこそ、主権者たる国民と野党は団結して、安倍自公独裁政権の「日本国憲法」蹂躙を糾弾し、「戦争法」の廃棄を求め、安倍政権を打倒し、平和主義と立憲主義と主権在民の民主主義を発揚しなければならない。

さらにもう一つ、安倍自公独裁政権に対し、「福島に生き続けて」いる者としてとくに容赦できないことは、彼らが原発の再稼働によって「プルトニウム」を生産し蓄積することによって、核兵器の製造能力を蓄積し、諸電力独占資本と、東芝等の原発製造保全を業とする独占資本と、それらの大手株主である銀行金融資本に独占利潤を得させ、安倍をはじめとする政治屋たちをそれにたからせていることである。

福島第一原発事故の収束のめどが立たず、廃炉には何十年もかかり、原発の放射性廃棄物処理のめどがまったくたたないのに、安倍政権が川内《せんだい》原発を再稼働させ、既存の全原発の再稼働を図り、増設さえ進めている。なんと「破廉恥な無責任」であることか！

ところで、本書の序章を執筆している最中の２０１５年の9月は、著者にとって大変な月となった。著者が9月1日の午前6時20分に起床し、２階から階段を降り、老妻「相澤幸子」に声をかけても返事がなく、トイレの換気扇が作動しているライトが見えたので、そっとドアを開けてみると、彼女は、便座と壁の間に挟まって絶息していた。まだ、のどの辺りが温かだった。同居の次女を呼び起こすと、あわてたのか、１１０番に電話して警察を呼んだ。警官が救急車を呼び、蘇生術を試みたが、死後硬直があってだめです、と告げられた。突然死であった。幸子は、満80歳、享年81である。戒名は、「行徳院浄心幸運大姉位」とされた。

老妻との歳月は、短くない。著者が山形工業高校の夜間定時制に籍を置き、昼は町工場で働いた時期に、その疲れのせいで、授業時間の半ばを居眠りした。そのころ、岳父「大寿俊芳」は、昼は坊さんとして働き、夜間定時制で化学を教えていた。そのころ大寿幸子は、中学生であった。その当時、東北地方で「保健婦」と「養護教諭一級」の資格を得るには、仙台市に出るしかなかった。東北大学文学部の学生であった著者は、仙台でばったり彼女と再会したのである。それから付き合いはじめて60年、結婚してから58年であった。

著者は、学生のころひどく貧乏であった。当時は、空襲で焼け出されたあとのバラック建て木造の東二番町小学校で夜警のアルバイトをし、教員室の机上で仮眠を取り、給食の残飯を夕食と翌朝の朝食とし、階段下の物置のような狭い部屋で寝起きした。朝になると子どもたちが音高く階段を上り下りするので、寝られたものでない。そのために、この生活でひどく衰弱した。著者は、金の目当てがまったく無いのに、経済学研究科の大学院に進学した。著者は、受験でドイツ語がトップであったので、奨学金を受けられた。

当時、大学院生への給費制（大学の教員になれば返還免責）の奨学金は、1万円であったが、院生の3割ほどが奨学金を受けられなかったので、みんなでプールし、一人当たり8000円を手にした。これでは生活できなかったことと、体が衰弱していたこともあって、幸子に結婚しようと申し出、幸子が当時の名取町（現在の名取市）の保健職に就職した22歳の桜も満開の4月17日に、24歳の著者と結婚した。著者が5年間の院生生活を経、オーバー・ドクターをしたあげく、国士舘大学に中卒並みの低賃金の専任講師となった。そのとき、妻は、都庁衛生局の職員に移り、著者の生活を支えてくれた。計8年間は彼女の収入の方が多かった。

また、1982（昭和57）年にようやく海外研修にありつき、3月末に渡英し、4月に大学が貸していた立派な家に家族全員が揃った。しかし、8月に食事のあと激痛で床を這い回るほどになって耐えられず、大学内のHealth Centerで受診したところ、市内の病院外来で専門医の診察を受けるべしと指示され、受診すると、腹部の腫瘍を発見。すぐ入院と指示され、Coventory郊外のNHSの大病院に入院し、腹部を横一文字に30センチほど切られた。悪性リンパ腫であった。治療しながら研究したいのだが、と申し出たが、医者たちは薦めなかった。成田に降り立ったのは、残暑のきびしい9月1日であった。結局、大先輩の大友福夫さんたちの手配で東京の病院に一泊し、東北新幹線で福島に帰着できた。しかし、家には一泊しただけで、著者の勤務校であった福島大学の学長や学部長たちのお世話で福島県立医大付属病院に検査入院となった。結果は、幸子の近年の話によると、主治医から、肺以外は全身に転移しているので、余命3カ月、と告知されたそうである。

幸子は、新宿に人を訪ねて「免疫監視療法」なる免疫療法を尋ねあてた。そして著者は、当時、川崎市にあったクリニックでその療法による点滴を2回受けた。そのあと医大で検査をしてもらったところ、癌がきれいに消えた。今でも、こんなに効く例は稀《まれ》なようである。

著者は、妻の葬儀のお礼の挨拶のなかで、「わが妻、幸子は、生活の大恩人であっただけでなく、命の大恩人でもありました」と挨拶した。幸子の通夜が9月5日、葬儀が翌6日と週末に延ばされた。著者の手帳には、その次第が次のように記されている。5日の16時30分に納棺、18時から通夜、6日の7時45分に出棺経、8時20分に出棺、9時に火葬、13時から葬儀。その合間の3〜4日に、福島市の土湯温泉において開催された北海道・東北ブロック精神障害福祉研修大会において、「福島県精神保健福祉会連合会」の会長として、主催者の役目を果たした。

日本の社会政策論の弱点を著者はずっと感じてきたが、それは、戦前からの社会政策学の生成過程にヒントがあると考えてきた。それゆえに、社会政策論争（服部・大河内論争）を振り返る作業がどうしても必要である。また、その作業は、服部英太郎先生から直接、ご指導を受けた者としてやらなければならない仕事であると思っていた。

服部先生は、実に寡黙な人で、われわれの自由な談論を静かに聴いておられたこと、チェーン・スモーカーであったことなどを、懐かしく思い出す。今、著者の手元には、先生が「相沢与一学兄、恵存」と自署された以下の二つの論文と一つの翻訳の別刷が遺されている。

①「独逸社会保険の変轉と『職業身分的』社会政策論への道」（『東北帝国大学経済学会研究年報　経済学　第五号』）。

②獨逸社会保険論に於ける現時的構想の展開―ナチス社会保険改革の理論的準備はいかになされたか―」（『東北帝国大学経済学会研究年報　経済学　第八号』）。

③「ライプチヒ大學教授　ルッツリヒター　社会保険」（『新独逸国家体系』別刷）。

最後に、今は亡き恩師・服部英太郎先生と妻・幸子の支えに感謝したい。

さらに、出版事情がきびしいなか、本書の出版を引き受けて下さった新日本出版社、ならびに担当編集者として種々ご援助下さった久野通広氏、また雑誌掲載時にお世話になった『経済』編集部の柳沢健二氏に感謝申し上げます。

２０１６年２月

相澤與一

相澤與一（あいざわ　よいち）

1933年山形県生まれ。東北大学大学院単位取得済み中退。国士館大学、城西大学、佐賀大学、福島大学、長野大学、高崎健康福祉大学の助教授、教授を歴任して、現在福島大学名誉教授。

著書に『英国炭鉱業における労働政策と労働組合』（1962年、三啓社）、『国家独占資本主義と社会政策』（1974年、未来社）、『現代最低賃金制論』（1975年、労働旬報社）、『イギリスの労使関係と国家』（1978年、未来社）、『現代社会と労働＝社会運動――労働の社会化と現代の貧困化』（1979年、労働旬報社）、『社会保障の基本問題――「自助」と社会保障』（1991年、未来社）、『社会保障「改革」と現代社会政策論』（1993年、八朔社）、『社会保障の保険主義化と「公的介護保険」』（1996年、あけび書房）、『日本社会保険の成立』（2003年、山川出版社）、『障害者とその家族が自立するとき』（2007年、創風社）、『医療費窓口負担と後期高齢者医療制度の全廃を』（2010年、創風社）。監修・著『グローバリゼーションと「日本的労使関係」』（2000年、新日本出版社）。

http://ameblo.jp/3491mw/

日本社会政策学《にほんしゃかいせいさくがく》の形成《けいせい》と展開《てんかい》

2016年４月20日　初　版

著　者　相　澤　與　一
発行者　田　所　　稔

郵便番号　151-0051　東京都渋谷区千駄ヶ谷４-25-6
発　行　所　株式会社　新　日　本　出　版　社
電話　03（3423）8402（営業）
03（3423）9323（編集）
info@shinnihon-net.co.jp
www.shinnihon-net.co.jp
振替番号　00130-0-13681
印刷　光陽メディア　　製本　小泉製本

落丁・乱丁がありましたらおとりかえいたします。

ISBN978-4-406-06007-3　C0036　Printed in Japan